世界高端文化珍藏图鉴大系

钱　币

（修订典藏版）

肖　斌 / 编著

辽宁美术出版社

图书在版编目（CIP）数据

钱币：修订典藏版 / 肖斌编著. — 沈阳：辽宁美术出版社，2020.11
（世界高端文化珍藏图鉴大系）
ISBN 978-7-5314-8592-6

Ⅰ. ①钱… Ⅱ. ①肖… Ⅲ. ①古钱（考古）－中国－图集 Ⅳ. ①K875.62

中国版本图书馆CIP数据核字（2019）第271351号

出 版 者：辽宁美术出版社
地　　址：沈阳市和平区民族北街29号　邮编：110001
发 行 者：辽宁美术出版社
印 刷 者：北京市松源印刷有限公司
开　　本：787mm×1092mm 1/16
印　　张：16
字　　数：250千字
出版时间：2020年11月第1版
印刷时间：2020年11月第1次印刷
责任编辑：孙郡阳
封面设计：胡 艺
版式设计：文贤阁
责任校对：郝 刚
书　　号：ISBN 978-7-5314-8592-6
定　　价：98.00元

邮购部电话：024-83833008
E-mail:lnmscbs@163.com
http://www.lnmscbs.cn
图书如有印装质量问题请与出版部联系调换
出版部电话：024-23835227

前言

PREFACE

世界上最早使用铸币的国家就是中国。中国最原始的金属货币是出土于距今三千年前的殷商晚期墓葬中的“无文铜贝”。至西周晚期，除贝币外还流通一些无一定形状的散铜块、铜锭等金属称量货币，这在考古发掘中也有出土。原始社会后期至夏、商、周时代，主要货币形态是实物货币，流通较广的是天然贝，这一时期出现少量金属称量货币、铸币，属货币萌芽与形成时期。

随着商品经济的发展，到了春秋战国时期，在流通中要分割和鉴定成色的金属称量货币越来越不适应需要，最终被金属铸币所取代。秦始皇顺应历史发展趋势，在统一文字、度量衡的同时，也统一了货币。从这时起，真正意义上的国家统一货币才真正诞生，到了今天，这些古色古香的金属货币已经被纸币所取代，但是，我们不能忘却我国钱币的发展历程及脉络。在培养收藏兴趣的同时，也要注意体验中国历史深厚的文化底蕴，从社会变革的深层次了解货币变迁的具体含义，这样才能加深对货币的认识，在收藏和鉴赏的时候才不至于只知其一，不知其二。

本书采取论述和图录相结合的形式，配合正文还有大量的相关资料。本书不同于一般的货币书籍，也不同于一般的历史货币和钱币图录书籍，而是把两者有机地结合起来，在体例结构上颇有创新，是一本内容全面，资料翔实，图片精美，可鉴赏、可实用的货币收藏与鉴赏参考书。

CONTENTS

目录

第三章

秦至南北朝钱币 049

第四章

隋唐五代十国钱币 099

第五章

宋、辽、西夏、金、元钱币 123

第一章

第一章

中国钱币基础知识

◆ 阜昌通宝

古钱铸造

中国古钱币的制作基本都是采用硬型范、沙型范浇注金属溶液成型的方法，也就是我们常说的铸币。不管是最早的青铜贝币还是清末时期的方孔圆钱，都是采用这种方法。尽管清光绪时期曾采用机器制钱的方式，可铸币还是与其平分秋色。研究古钱币的铸造工艺发展过程，对钱币学研究有很大的影响和帮助，同时在中国传统金属铸造技术的研究方面也有很高的价值。

古币铸造研究

早期关于古钱的著作，基本都是介绍钱币的形式和图样，很少会涉及和古代钱币铸造有直接关系的钱范。然而，对于铸造的研究却在很大程度上帮助人们研究古钱币。直到清康熙年间，在《曝书亭集》中才发现有关于钱范的记载，这也是出现有关钱范的最早记载。

在乾隆十五年（1750 年）梁诗正等人奉敕纂辑的《钦定钱录》影响下，钱范才受到人们的重视。在众多的著作中也大量收录了钱范。如《古泉汇》中收录 75 件，《续泉汇》中收录 192 件，《陶斋藏砖记》收藏的更是多达数百件。这些早期的收藏品中大多是“模盒”，也就是用阳文雕刻的铜质钱范，一般都是用来翻制钱范的，我们还可以称其为“母范”“范母”。除了所说的钱范，也有用来直接铸钱的阴文钱范。从收藏的角度来看，可以说钱范的用途及其在铸造钱币过程中的作用使人们对于古钱的研究有更正确的认知。例如清朝乾嘉时期的翁树培就曾用黄泥或蜡扣铜范母制成铸范模型的方法，在解决了铜范母用途问题的同时，还发现新村的钱范是秦汉时期遗留下来的，并没有出现唐或唐以后的钱范，因此也就断定铸钱技术在唐代发生了很大的改变。又如李佐贤的《古泉汇》就是利用钱范来鉴定古钱，尤其是对于铸造时间长、铸造数量大的五铢钱有很大的启发。

最早收录各种钱范的著作当属民国时期罗振玉出版的《古器物范图录》。虽然其没有《古泉汇》中收录的钱范数量多、印刷精美、影响力大，但对于古钱的研究方法具有启蒙作用。当下的研究者研究古钱币的方法已经大大改进，随着对古钱币

◆ 汉五铢钱钱范

◆ 货泉钱范

的深入研究，更加注重钱币和钱范之间的关系，以及钱币本身的铸造过程。例如郑家相根据带有纪年的泥范母辨别出了西汉昭、宣五铢，根据更始、建武两个范母辨别出了东汉五铢。再例如王献唐的《中国古代货币通考》中有一篇专门论述西汉之前的钱范以及钱范所反映的钱币铸造技术发展过程的文章。可见钱范对古钱币研究的影响有多大。

1949 年以后，研究方法更加全面、科学，特别是改革开放以后，对于古钱币的研究更是有了翻天覆地的变化。自然科学的技术手段将古钱币的研究带入一个新的天地。

工艺演变

考古资料显示，青铜时代的开始比二里头文化时期还要早，在当时已经开始铸造鼎、爵等青铜容器，此后青铜冶炼技术不断提升，在春秋时期甚至出现了冶铸生铁的技术。正是因为冶炼技术的提高，才为金属铸币的出现奠定了基础。中国的铸钱工艺因为中国历史的治乱分合而有一定的区别，但是在一定时期内还是相对统一的，基本上可以分为三大发展时期。

先秦

先秦时期铸造钱币的方法主要是采用泥范和石范。泥范也叫作陶范，是将泥烧成的钱模。一般做泥范需要配料、备坯、制模、刻字等工序。先将黏土、细沙、草秸、谷壳等和泥土混合在一起制成范坯外形，然后经过烧制，在备用的范坯上刻画出钱文和纹饰，再刻出外浇道和内浇道，两扇泥范扣合在一起就可以向里面浇注制成钱币了。

石范的原料则是滑石，比泥范要耐用一些。石范的制作工序有选料、备坯、制模、刻字等，其中制模和刻字的方法与泥范的制作方法一致。

1960—1961 年，在山西侯马出土了泥范。1986 年，在河北平山中山国灵寿故城铸币遗址中出土有“蔺”字圆足平首布的石范和陶范。此外，在河南新郑出土有“旆钱当釿”和“连布”泥范，内蒙古包头窝吐尔壕战国遗址采集有安阳方足布石范等。从出土的钱范来看，钱范的铸造工艺也在不断地发展，从单一的泥范到石

◆ 秦半两陶泥范

◆ 大布黄千钱范

范，以及泥石相结合的技术都在不断地解决受热、散热以及透气问题。

在中山国灵寿故城遗址中，还发现了“成白”刀币陶范、“成白”刀币的残石范。在刀首部位浇注流槽的流咽部位因为高温已经被烤成白色。在燕下都遗址及燕境内出土的四刀陶范和五刀陶范，浇注口均位于刀币环首一端，并最终汇集成一条浇注槽。1987 年，在山东莒县莒国故城一座刀币陶范窑出土一批齐明刀陶范，每范并列刀形 5 枚。1998 年，山东省平度市征集到了一件齐明刀残范，从残存的上半部分看也有刀形 5 枚。1965 年在山东青州市前范村出土有完整的“齐法化”刀陶范。这些刀范一次即可铸造 4 枚或 5 枚刀币，提高了铸币的效率。

在秦汉以前，除了泥范和石范以外还出现了铅范母。如 1975 年，在内蒙古喀喇沁旗大西沟门村出土有“一化”圜钱铅母范。

秦汉至南北朝

1955 年，在河南洛阳汉河南县城遗址内出土的秦国“文信”钱的石范残块证明秦代还在使用泥范、石范。事实上直到西汉早期都一直使用的是泥范、石范。有人认为汉武帝元鼎四年（公元前 113 年）以后石范才逐渐消失。一方面是因为石范制作费时，而且遇到高温易碎；另一方面是因为汉武帝元鼎四年（公元前 113 年）中央收回铸币权，专铸三官五铢钱。随着铸币质量要求的提高，数量的增大，形制规整的严格，石范已经不能满足需要，因此也就慢慢退出了历史舞台。

其实，早在石范还没有被淘汰之前，就已经开始使用模盒的技术，即母范翻制泥范的技术。范母分为单面范范母和双面范母范。单面范母范是指只有面文的母范。双面范母范是指同一母范上面文、背文都有，可同时翻制面范和背范。

西汉时期，铸造五铢钱所用的面范和背范在材料上还有区别，而到了王莽时期，叠铸工艺逐渐成熟，大幅度提高了铸币的产量和质量，同时又降低了铸造成本。东汉至南北朝时期，叠铸工艺继续发展，南京通济门外发现的大批南朝萧梁时期的叠铸泥范就是最好的证明。

◆ 半两石范

隋唐至清末

隋唐时期铸钱技术发生了重大的变革，从隋五铢钱背文有时有重印范的痕迹来看，隋代已经开始使用翻砂法铸钱，并且这种铸钱的方法一直延续到清末。

唐的开元通宝铸行了300年，铸造数量庞大，地点也很广泛，但是并没有发现钱范，这无疑说明唐代铸钱的技术已经和以前大相径庭。但仔细观察开元通宝，会发现有的钱正面有重叠、局部外郭、戳印背文“蓝”字等现象，背文有“兴”“京”字重印等现象，这些都证明唐代使用的是翻砂法铸钱。

到了宋徽宗时期，还出现了锡母翻铸。《宋史·食货志》中记载：“大观元年，京复相，遂降钱式及锡母于铸钱之路，铸钱院专用鼓铸”，证明宋代时期使用锡母翻铸的方法。

五代十国时期，各个地方的经济发展不平衡，中原地区因为经济相对来说比较发达，所以当时在中原地区用样钱翻铸，而南汉等边远地区则仍用石范铸钱。

翻砂法铸钱之所以能够在隋唐时期盛行，主要是因为它具有省时、省料、省工等优点。省工上可以省去用陶范也就是泥范的工序，制作砂型不但简便，还可以多次重复使用。中央政府只需要向各地分发母钱即可，这样就可以由地方来自行翻铸，既节约成本，也提高了效率，并且还保证了产量和质量。

◆ 伪品大中通宝

◆ 真品大中通宝

古钱鉴定

古代钱币的鉴定主要是以下几个方面：（1）辨别真伪；（2）鉴别年代；（3）评定价值；（4）确定国别。只有做好钱币的鉴定工作，才能保证收藏家的藏品质量。辨别真伪主要针对的是传世古钱；鉴别年代主要针对的是传世品和出土品；而评定价值主要是看古钱的历史价值及现代市场价格，针对的是所有遗留下来的钱币；确定国别则主要是针对流入国内的日本、越南、朝鲜等外国钱币。但是狭义的鉴定主要指真伪鉴定，所以本书针对真伪鉴定作详细的介绍。

真钱与伪钱

真钱就是年代相当、能够说明问题、是当时那个年代的人所制作的古钱。伪钱有两种：一种是仿造真钱；一种是纯粹的假钱。

但历史上的“私铸”“盗铸”“厌胜钱”等都不能算是伪钱，因为这些钱虽然和正统王朝所铸的“正品”相比是“伪品”“僭伪品”（新莽钱币等），但也是符合真钱的定义，因此不能算作文物意义上的伪钱。

伪钱制作方法

制作伪钱的前提是谋利，要想谋利就必须要有市场，所以在钱币的收藏处是没有伪钱的。曾经在陕西西安邠王故宅发现的天宝十五年（公元 756 年）窖藏，出土 502 枚古钱，除 7 枚外国钱币外，其余均为中国历代钱币，基本上一个朝代收藏 1 枚，很显然这是钱币爱好者的收藏品，重要的是在这批古钱里并没有发现伪钱。南宋洪遵《泉志》所著录的 348 枚钱币也均为真品。

清乾隆、嘉庆时期，古钱的收藏之风渐渐刮起，在高额利润的影响下，一些珍稀的古钱价格开始猛涨，因此也就出现了很多伪造的珍稀品。清乾隆十五年（1750 年）编辑的《钦定钱录》中就出现了伪钱。一时间，伪钱和作伪者流遍全国各地。

◆ 伪品淳熙元宝

◆ 伪品天赞通宝

◆ 伪品货泉面巨星

◆ 伪品皇宋九叠篆

直到中华人民共和国成立以后，伪钱生意才开始衰落。

从 20 世纪 80 年代开始，随着文物市场的开放，古钱的收藏和私人买卖又开始盛行，伪钱也开始充斥市场，而且伪钱的制作水平让人叹为观止，尤其采用高科技手段制作出来的伪钱，在很大程度上提高了伪钱“质量”。

作伪手段

制作伪钱的手段尽管相对来说比较高超，但是因为现代科技和古代人的人工制作总有很多差别。因此，不管采用什么样的制作手段，都会或多或少留下破绽。

传统制作伪钱的手段有翻砂、改刻、贴补、拼合、打制、腐蚀等。

改刻

改刻往往用的是旧钱或是铜片，在上边根据真钱的图样和字纹来进行雕刻。如果仅仅改刻局部，则会出现因为时代风格不同而造成新旧、铜质上有差异。况且改刻的部位刀痕是很难掩饰的，改刻的部位凹陷，即便是做旧和上锈也很容易就能看出破绽。

贴补

贴补指的是将从旧钱上挖下来的文字和笔画贴补在钱上，或者直接用生漆补贴笔画。这种伪钱扔在地上，发出来的声音浑浊，没有真钱的声音清脆。

在市场上常见的小的贴补如将大顺通宝、大定通宝贴补成天顺通宝、天定通宝；大的贴补如将两个五铢挖掉“五”字或“铢”字，磨薄后两两结合就变成了“五五”或“铢铢”。还有将嘉祐、皇宋贴补成并不存在的“皇佑”等。

翻砂

早期作伪的主要手段是翻砂，这种手段很容易在钱体上留下砂眼，或因为铜液还没有流到而有缺损，边郭也难以做到规整自然，铜质也可能会有差距。翻砂可分为三种：一是据旧谱作母型；二是据真钱作母型；三是直接用真钱作母型。

据旧谱作母型依据的是旧图，而旧图本身就不可靠；据真钱作母型要先找到与真钱非常相似的母型，但是很难找到，因此这种钱很容辨认；直接用真钱作母型相对来说就比较难以辨认，常见的有十国天策府宝、金泰和通宝、辽统和元宝、辽应历元宝、明末天启通宝、元至正之宝等，但是和真品相比要小一些。

拼合

拼合钱扔在地上发出的声音浑浊。拼合手段常见的有三种：一是将两个大小、穿孔一致的半钱拼合在一起，在接口处能够轻易发现破绽，如两枚五铢钱拼合成的

◆ 伪品翻砂崇宁通宝

◆ 伪品阜昌通宝

“五五”“铢铢”等伪钱；二是保留一钱的外郭，去掉另一钱的外郭并嵌入其中，这样做使其接缝隐蔽，很难发现，增加了辨别难度；三是将两枚大小、穿孔一致的钱币磨薄后拼合在一起，成“合背钱”，往往会在外侧、孔内侧留下细缝。

打制

河南伪造空首布的打制方法，是用单片焊接拼合而成，然后从单片背面敲打使文字、纹饰等凸出成型。因为青铜不易打制，所以打制而成的钱都不是青铜的，注定铜质不符。这也就解释了其打制钱质量相对要轻、文字呆滞、声音浑浊的原因。

化学腐蚀

腐蚀是较新的化学作伪方法，其锈色不似真钱的锈色，文字和纹样都呆滞无神、字口浅慢。这是因为腐蚀的手段是要先用铜片做成钱币轮廓，然后用蜡液或油漆描出正反面的文字、纹饰、边郭，最后用酸液腐蚀，这样做出来的钱必定是很容易鉴别的。

除了上边所说的六种作伪方法，还有铲掉背文充光背钱、小钱镶边作阔缘钱等。较近代的还有铁胎包以石膏的作伪方法，时间一久石膏就会脱落。

总之，古钱因为其特定时间和条件的限制，所以不同时代的钱都有不同的特征。在铸造工艺和质料上都有差异。如果用黄铜铸造宋代以前的钱币，就是明显的破绽。古钱是由专业人员制作的，而且又是成批生产，所以边郭成批打磨，精整规矩，质量较高。而伪钱锈色浮躁，文字呆板，没有神韵。

◆ 伪品建炎元宝

◆ 大观折十伪品

第二章

第二章

先秦时期钱币

先秦钱币主要指春秋战国时期（公元前770—前221年）的金属铸币，有最早出现的无文铜贝，流行于三晋地区的空首布、尖足布、齐燕之地的刀币以及各国出现的孔圆钱，其形态各种各样，且有很强的艺术性，对后世钱币的发展有着深远的影响。

◆ 早期的无文包金铜贝

贝币

铜贝币的铸造开始于商代，到春秋战国时期可以将铜贝币分为两大类，一类是黄河中下游地区（也就是三晋、王畿、齐鲁地区）的无文铜贝；一类是江汉淮泗流域（也就是楚国）的有文铜贝。

无文铜贝

无文铜贝就是用采用铜原料，仿制海贝的模样铸造而成的。一般长 33 毫米，最宽 23 毫米，重 6 克 ~7 克，铸工精整，空腹有贝唇，两侧各有一道齿纹，齿纹的数目为 9 对 ~14 对。

主要是在春秋中晚期铸行于黄河中下游的三晋、王畿、齐鲁地区。

河南辉县所在地豫北地区本为商王畿之地，鲁国根据《左传・定公四年》记载则有“殷民六族”，周王畿洛阳附近根据《汉书·地理志》记载则为“殷遗民”聚居地之一，可见这些地区都具有深厚的文化传统，因此也可看出商王朝的主要货币就是贝币。

有文铜贝

有文铜贝长 10 毫米 ~21 毫米，宽 7 毫米 ~17 毫米，重 0.5 克 ~7 克，最轻的仅 0.1 克。从早到晚逐渐向实心化、轻小化、圆形化演变。早期多为 4 克 ~5.5 克，中期多为 3 克 ~4 克，晚期多在 3 克以下。

有文铜贝形制不是很规整，一端圆钝，一端稍尖，正面凸起，铸有阴文，有“君”“行”“案”“匋（安）”“金”“忻（折）”“匕”等十余种。

背面平素或略凹，尖端有或透或不透的穿孔。最常见的是“晋”文，朱活认同“贝”的释法，也有释为巽、郢者。大概是因为字形和穿孔组合在一起看起来像一副丑陋的脸孔，因此也被叫作“鬼脸钱”。不过更多人还是称之为“蚁鼻钱”，或许是因为“巽”文的一种看似蚂蚁，或“蚁鼻”为“一贝”的音转。“晋”字旧释各六朱、汝六朱、五朱等。

◆ 有文贝币鬼脸钱

◆ 有文贝币

有文铜贝主要铸行于战国时期江汉淮泗流域的楚国势力范围，包括湖南、湖北、河南、安徽、山东、江苏等地。有文铜贝的出现可能和楚国境内早已存在的无文铜贝有很大的关系。

如果说《史记·循吏列传》中所说“更小以为大”指的是铜贝，那么铜贝的起始时间就追溯到了楚庄王时期（公元前613—前591年）。可能因为楚贝刚开始发行时没有固定的形式，因此面文各不相同，有“忻”“金”“君”“行”“�”等多种。因为其发行的数量少，且流行的地域狭小，因此后世很少看见。直到后来楚国的贝币统一为“晋”文贝，使用范围较广，数量也较多，所以出土量也很大。例如，1963年在湖北孝感野猪湖出土4745枚，1976年在安徽宿县固镇出土3856枚，1987年在河南固始发现4700余枚。这几处大规模出土的贝币基本都是“晋”文贝。还有一处比较特别的出土，是1963年在陕西咸阳出土的116枚。其中“案”文贝51枚，“哭”文贝64枚，“君”文贝1枚。奇怪的是陕西本来并不是楚国的势力范围，而且这批楚贝的时间还早晚不一，可能是秦统一后从楚国各地收缴上来的。另外，在青海大通上孙家寨卡约文化晚期的墓中，出土了西周春秋之时的32枚无文黄金贝。1974年在河北平山中山国王墓出土4枚无文银贝，1984年在河北灵寿岔头村战国早期的中山国墓中出土4枚无文金贝。

布钱

布钱主要流行于两周三晋及楚国，在很早以前也叫作“铲币”，不过现在已经没有人这样叫了。布钱是由铲形农业工具演变而来的，根据其形制可以分为空首布和平首布两大类。

空首布

空首布是布钱最早的形态，有点像农具，直到清代才被正式确定为钱币。主要分布在两周（王畿）及郑、晋、卫地域，开始流行在春秋晚期，起源或可上溯到西周晚期。一般认为空首布是由铲形农具演变而来的，被称为铲形农具的“遗型”。但是对于《诗经·周颂》出现的“庤乃钱镈”到底是“钱”还是“镈”有不同的意见和看法，因此也形成了两个不同的派别。“钱”说者认为布币取象于钱而非镈，其名称为布，可能是因为古代曾经用布帛来作为货币。根据《诗经·卫风·氓》西周金文中的记载，可以看出布帛的确曾被作为实物货币，甚至在钱与布帛之间还有一个折算价格。而“镈”说者认为“布”只是个假借字。

◆ 春秋战国空首布安藏

现今发现的空首布总数已达 6000 余枚，根据其足裆部的形态，可分为弧足空首布和尖足空首布两小类。

弧足空首布

弧足空首布主要铸行于两周及郑地，即洛阳及其附近的宜阳、孟津、新安、伊川、汝州、登封、偃师一带。体形厚重，銎一般较长，内有范芯，面有三角形支钉孔。底部内凹成弧形。钱体有周郭，多下部略宽，少数上下等宽。根据其肩部形态可分为 A 型平肩和 B 型平肩两种。

A 型平肩

A 型平肩弧足较浅，依据其个体的大小又可分为三式。

Ⅰ式

Ⅰ式特大型，就是所谓的“原始空首布钱”，出现在春秋初年，不过也可能是更早的西周晚期。据《国语·周语下》“景王二十一年，将铸大钱”的记载，在公元前 524 年以前已经出现空首布钱，否则是没有办法铸造大钱的。

Ⅰ式特大型弧足空首布钱有的与铲形农具很近似，短銎，形状不甚规则，最大者通长可达 160 毫米，有的无面文，有的面文有“山六上”等。

原始空首布（A 型Ⅰ式）

◆ 弧足空首布（A 型Ⅱ式）

◆ 弧足空首布（A 型Ⅲ式）

Ⅱ式

Ⅱ式大型流行于春秋晚期，沿用至战国早期。一般通长 80 毫米 ~100 毫米，重 33.1 克 ~44 克，多在 39 克左右（带范芯）。长銎，面背均有三直纹。如 1970 年在河南伊川出土 753 枚空首布币，其中 604 枚为大型。

Ⅱ式大型钱文一般情况下属一个字，个别有两个或四个的，有的面背各有一个字，这些字多为地名或是城邑名称，总共达 70 余种。其中“智”“屯”“留”“亘”等 10 余种属晋，“周”“王”“成”“邬”“丘”“甘”“由”“王氏”等 40 余种属周，还有的属于郑卫等地，此外还有“化”“货”“斤”“鬲”“禾”“田”“卜”等纪事类，“大”“吉”“羊”“富”等吉语类，“上”“下”“左”“右”等方位类，“金”“木”“水”“火”“土”等阴阳五行类，以及“日”“月”“云”“雨”“雪”等字

Ⅲ式

Ⅲ式小型铸行时间不晚于战国早期，沿用至战国晚期。通长 63 毫米 ~74 毫米，重 15 克 ~18 克（带范芯）。长銎，面背都有三直纹。其面文多为地名。

◆ 战国“上”字斜肩弧足空首布（B 型Ⅰ式）

◆ “卢氏”斜肩弧足空首布（B 型Ⅱ式）

B 型斜肩

B 型平肩也叫作削肩或垂肩，弧足较深。根据其个体大小又可分为二式。

Ⅰ式

Ⅰ式大型大约至少开始流行于春秋晚期，沿用至战国早中期。通长 73 毫米 ~88 毫米，重 22 克 ~27.2 克（带范芯）。短銎，背纹为一直二斜，面有二斜纹。面文有“武”“卢氏”“三川釿”等。1980 年在河南宜阳花庄村出土 1789 枚。

Ⅱ式

Ⅱ式小型铸行时间主要在战国时期。通长 45 毫米 ~70 毫米，重 18.5 克 ~22 克。长銎，面有二斜纹，背纹为一直二斜。面文多为地名，有“卢氏（今河南卢氏）”“武寽（爰）”“三川釿”“武安”“武”等。需要注意的是有本来用作计算重量的单位寽、折转变成了布钱的名称。

从上述的叙述来看，铸造年代最早的是 AⅠ式，AⅡ和 BⅠ、AⅢ和 BⅡ基本是一个时代，相邻各式间可能还有共存现象。这或许就是《国语·周语下》中单穆公所说的“母权子而行”的情况。

尖足空首布

尖足空首布主要铸行于春秋晚期到战国早期的晋、卫之地。长体、长足，体形较薄。尖足，耸肩，方裆或圆裆。銎细长且銎有穿孔，銎内有范芯，面背各有三道直纹。钱体有周郭，下部外撇。多无文字，所以以前也叫作“无文大布”。不过也有少数有“吕”“共”“甘丹”等晋国地名，还有“一”“二”“四”“六”“七”“八”“九”“仐”等数字，以及“日”“工”等字。

尖足空首布按个体大小分为Ⅰ式大型和Ⅱ式小型二式。

Ⅰ式大型

Ⅰ式大型发行于春秋晚期，刚开始发行的时候也叫作“釿”。

Ⅰ式大型带范芯重 34 克 ~37 克，通长 130 毫米 ~197 毫米。

Ⅱ式小型

Ⅱ式小型和Ⅰ式大型基本相同，带范芯重 15 克 ~31 克，通长 117 毫米 ~125 毫米，背素，有的面无直纹。1963 年山西侯马牛村古城出土 1 枚面文“幺金（邑金）”者。

◆ 尖足空首布（Ⅰ式大型）

◆ “幺金”小型耸肩尖足空首布（Ⅱ式小型）

平首布

平首布盛行于战国中、晚期，主要分布在两周、三晋及燕、楚地区，范围比空首布有明显扩展。与空首布相比，钱体轻薄小巧，无銎而平首。背素或有数目字，布面都有文字，为地名或地名加其他文字。

平首布在上述两小类空首布的基础上，不断改进工艺技术、互相融合，最终銎消失。銎的消失使铸造更加简便，大大提高了其铸造质量和数量，也缩短了铸造的时间，省力、省工。平首布据整体形制的不同，分为方足平首布、尖足平首布、圆足平首布、锐角平首布和长体平首布五小类。

方足平首布

方足平首布分布范围很广，主要在两周、三晋及燕国地区。据其裆部形态可分为桥裆和方裆两型。

● 桥裆

桥裆又叫弧裆或“桥足布”。因其钱体相对较大，在平首布中又最为厚重，故旧谱称“方足大布”。又因面文多为地名加布名“釿”字，故称“釿布”。因铸造时间总体偏早，又称“早期方足平首布”。

桥裆圆肩、微耸肩或平肩。少数面背有周郭。大小轻重不一，分为三等，总计不同币名者30余种。其中二釿者一般只有圆肩，其余种类则包含各种形制。也有的面文为地名加“导”等字。绝大多数是魏国钱币，也有“一釿[illegible]”可能属韩币，还有一种微耸肩仍然保留了原先晋国空首布的耸肩作风。钱文带“釿”者，具有明显的三等制度。分为“半釿”“一釿”“二釿”。釿原本为货币单位，为布名。例如“安邑半釿”“安邑一釿”“安邑二釿”，分别通长43毫米~49毫米、50毫米~55毫米、60毫米~67毫米，分别重6克~8.1克、12.5克~17.5克、20克~30克。素背或有“安”字，面文正书或倒书互见。“安邑半釿”面背均有周郭，“安邑二釿”和“安邑一釿”两种面背没有周郭。此类币还有“半釿[illegible]”“阴晋一釿”“阴晋半釿”“虞半釿”“虞一釿”“甫反一釿”“甫反半釿”“二釿”“[illegible]一釿”“阊易[illegible]二釿”“阊易一釿”“阊易半釿”等。

◆ 安邑半釿桥裆布

◆ 安邑一釿桥裆布

◆ 安邑二釿背安桥裆布

◆ 共半釿桥裆布

安邑是战国早期的魏都，可能出现这样的铸币比较早。2004 年在郑韩故城一东周钱币窖藏的上半部分清理出“安邑二釿”69 枚、“安邑一釿”21 枚。

钱文带“寽”者，分为两等。“寽”为金属重量单位，也有人认为是布名。面文是否为以五十、一百或二百枚当一寽的意思，还不能确定。如“梁正尚（币）百当寽”“梁半尚（币）二百当寽”“梁重（充、夸）釿五十当寽”“梁重（充、夸）釿百当寽”等。“梁重（充、夸）釿五十当寽”“梁重（充、夸）釿百当寽”两种，分别通长 58 毫米 ~60 毫米、52 毫米 ~53 毫米，分别重 25.5 克 ~31 克、12 克 ~13.5 克。背平素或阴刻“重”字，面背都无周郭。

“梁”即“大梁”，是战国中、晚期的魏都。此类币的铸行时间应偏晚。

方裆

方裆型方裆钱因铸造时间总体偏晚，又称“晚期方足平首布”。多出土于窖藏，有的出土于墓葬。又因其轻薄小巧，因此古代称“方足小布”。大小重量接近“方足大布”中的一釿、半釿。绝大多数

◆ 魏国“梁”A 亚型方裆平首布

◆ 魏国“安阳”A亚型方裆平首布

为平肩，也有耸肩。面背都有周郭，少数背平素。因面文不同，总计100种左右。部分有大小两等。

根据其面背纹饰特点可将方裆分为A亚型和B亚型二亚型。

A亚型

A亚型广布于两周、三晋及燕国地域，该亚型数量最多。背有一直纹或二直纹，或有数目字以及“左”“右”等表示方位的字，有的还组合成“左十”“右十”等。面有一直纹，贯穿首裆。直纹左右有文字，有的在直纹左右各有一偏旁合成一字，有的则利用直纹合成字。面文有“宅阳”“平邑”“安阳”“戈土（践土）”等属魏币。“梁”，文字在直纹左右各一半，正书或反书，释为“梁邑”，有大小两种。小者重3克~7.2克，通长42毫米~48毫米。大者重8.5克~12.5克，通长50毫米~51毫米。

面文有“皮氏”“长子”“阳成（城）”“屯留”“涅”“东周”“成”等属韩币。“皮氏”，直纹左右各一字，背素或有数字。重5克~6.5克，通长43毫米~45毫米。“涅”，文字“长子”，直纹左右各一字。

◆ 燕国“平阳”A亚型方裆平首布

◆ 燕国方足小布“坪阴”

重5.5克~7克，通长43毫米~46毫米。

面文有“阴”“龛邑”“同是”“平阳”“大阴”“兹氏”“安阳”“阳邑”“兹氏半”“郜”等属赵币。“阴”，借中央直纹成字，有合背者。重5克~8克，通长42毫米~46毫米。“龛邑”，直纹左右各一字，或释“龛”。背素或有数字。重5.2克~6.5克，通长43毫米~45毫米。“同是”，直纹左右各一字，背素或有数字。重5克~6克，通长44毫米~46毫米。

面文有“纕坪”“安易（匋易）”“右晏（明）辛（新）冶”“恭昌（益昌）”等属燕币。多耸肩、束腰，独具特色。“纕坪”，背素或有“左”字。有大小两种。大者重 4 克 ~5.5 克，通长 40 毫米 ~42.5 毫米。“安易”，直纹左右各一字，背素或有数字及“左”“右”字。通长 41 毫米 ~45 毫米，重 5 克 ~9 克。

B 亚型

B 亚型即所谓“类方足布”，数量极少，主要是赵国币。体部有一短直纹，一般下不至裆，上不至首；背面首部中央有一直纹，体部二道直纹或下部外撇的斜纹。正面首部有二直纹，向下略内聚。面文“榆即”“大阴”等均为赵国地名。“榆即”1 枚重 4.8 克，通长 42 毫米。素背或有数目字。B 亚型的纹饰特点与尖足布相同。

◆ B 亚型“类方足“榆即”

◆ B 亚型“类方足布”“子”“平周”

◆ 类方足“兹氏半”传形

◆ 类方足“桃源”

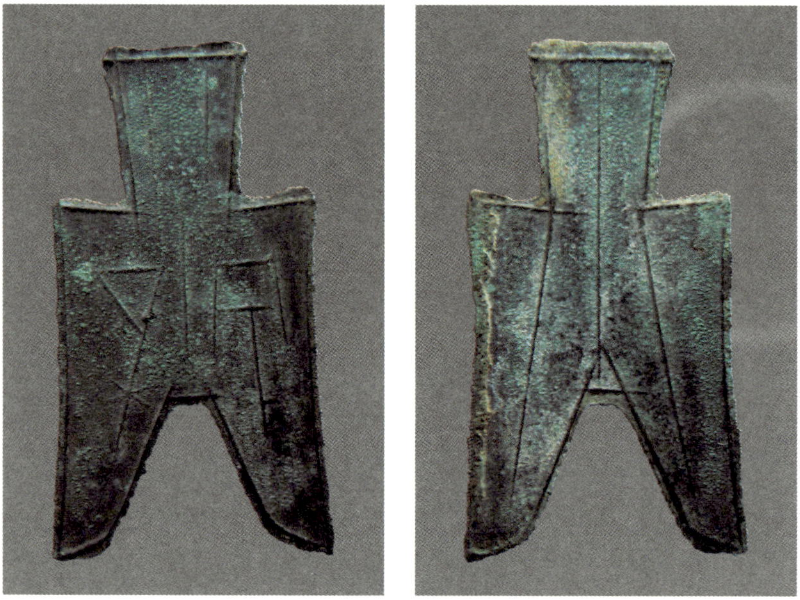

◆ 尖足平首布

尖足平首布

尖足平首布是由耸肩尖足空首布演变而来的，主要是赵国铸币。其特点为耸肩、尖足、方裆，也有很少的是平肩。面背都有周郭。背面纹饰复杂，首部中央有一直纹；体部一至三道短直纹不等，以二道者最常见，有的甚至四道短直纹，有的二斜纹贯穿至足，个别平素。素背或有数目字。正面首部有二直纹，绝大多数是向下内聚，也有少数的在二直纹之上端还有一直一横纹；体部有一短直纹，一般下不至裆，上不至首，有的因有文字而偏左或偏右。面文都是赵国地名，总计不同币名者 40 余种。

从出土的情况来看，在战国时期也曾铸造过尖足布，但是钱文不明。有大、小两种，有的面文只有大型或小型，有的则在同一面文上同时有大、小型。大型称之为“大尖足布”或“尖足大布”，小型称之为“小尖足布”或“尖足小布”，分别重 10 克 ~ 克 13 克、

5.5 克 ~7.1 克，通长 82 毫米 ~85 毫米、46 毫米 ~52 毫米。大型者面文有“甘丹”“大阴”“晋阳”“阳化”“榆即”“兹氏”“閔”“城”等，小型者面文有“大阴半”“晋阳半”“兹氏半”“大阴”“离石”“晋阳”“阳化”“晋城”“武安”“兹氏”“阴半”“閔”“阳”“于”等。

“甘丹”一种，正面首部有二直纹，体部有一短直纹，背首一直纹，体二直纹。面文在左，倒书。素背或有数字，仅见大型。重 10.1 克 ~13 克，通长 83 毫米 ~85 毫米。“大阴”纹饰同“甘丹”，素背或有数字。有大、小两种，可能属二等制。小型“大阴半”或“大阴”，前者“大阴”二字在左，“半”字在右；后者“大”右“阴”左，或反写（传形）。通长 52 毫米 ~57 毫米，重 5 克 ~7 克。大型“大阴”二字在左半部，上下排列。重 11.1 克 ~12.5 克，通长 82 毫米 ~83 毫米。

还有比较特殊的两种布币。其纹饰像尖足布，而形制却像方足小布和圆足布，郑家相分别称其为“类方足布”“类圆足布”。我们据其形制特征仍将其归入“方足布”和“圆足布”内。

◆ “兹氏半”尖足平首布

圆足平首布

圆足平首布面背都有周郭。圆裆、圆足、圆肩、圆首。一般背有二斜纹或无纹，面无纹饰；有的面背有同于尖足布的纹饰。根据其穿孔特征分为 A 型和 B 型两种。

A 型

A 型基本都是赵国币，无穿孔。根据其纹饰特征分为 Aa 亚型和 Ab 亚型两个亚型。

Aa 亚型

Aa 亚型背无纹或有二斜纹，斜纹下部外撇，面无纹饰。背文为数目字，有“一”“二”“三”“四”“五”“四十”等。面文有“离石”“兹氏”“晋阳”“阴”等。

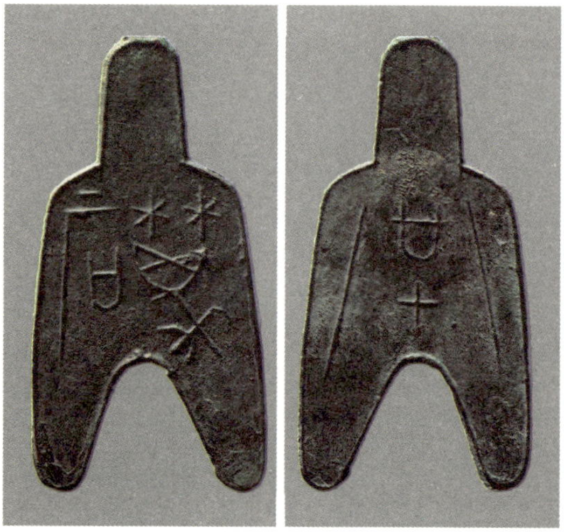

◆ 战国“离石”背“二七”圆足布

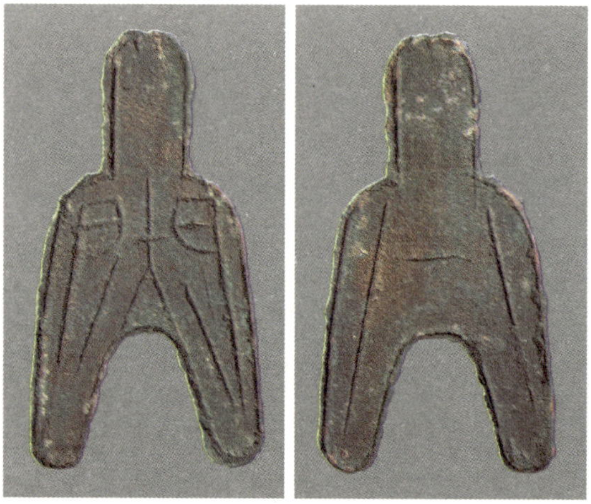

◆ 战国“蔺”大型圆足布背“一”

◆ 战国类圆足布“蔺”

◆ 战国“武阳”三孔布

Ab 亚型

Ab 亚型即所谓“类圆足布”。背面首部中央有一直纹，体部二道短直纹。正面首部有二直纹，一般是向下内聚，体部有一短直纹；肩部稍方，仅见小品。面文有“晋阳”“人阴”“兹氏”“平匋”“阴”等。

B 型

B 型铸币也就是所谓的“三孔布”或“三窍布”，其归属至今仍在讨论，但大多数人认为属于赵国。其特点是首及两足各有一圆形穿孔，背无纹。面文有“南行易（唐）”“北九门”“上阳”“下阳”“阿”“上（苑）”“平台”“晋阳”“榆即”“安阳”“宋子”等共约 20 余种，属赵地。背首部有数目字“一”“二”“廿”等。

“南行易（唐）”（旧释“鲁阳”“虞阳”）大小两种，大者背文“两”，重15克~17克，通长73毫米；小者背文“十二朱”，重7.2克~8克，通长53毫米。2010年嘉德春拍一枚“武阳”背“一两”三孔布，仅见品，成交价格为352.8万元，至今仍是古钱币拍卖的最高纪录。

锐角平首布

锐角平首布属于韩币。首之顶端有二锐角突出，方足、平肩、方裆或尖裆，面背都有周郭。有大、小两种，大者方裆，背有一直纹二斜纹，纹饰同于方足小布，面有一贯穿首裆的直纹；面文有“卢氏涅金”“涁涅金”“涅金”。“卢氏涅金”，重18克~19.5克，通长69毫米~70毫米。“涅金”小者尖裆，背有直纹二、三道，面无纹或有直纹两道，直纹贯穿首足；面文仅见“公”“㟲（垂）”。“公”，面有直纹两道，直纹贯穿首足；背有直纹三道。重5.3克，通长44毫米~47毫米。“㟲”（垂），背有直纹三道，背有数字。面无纹饰；重9克~11克，通长50毫米~52毫米。

◆ 小型锐角平首布“公”

◆ 大型锐角平首布“涅金”极美品

长体平首布

长体平首布又称“长布”或“长足布”，属春秋中期到战国初期的楚币，也有人认为属晋、郑或韩，并非正式铸币。其特点是方足、方裆、平肩，首部有一圆形穿孔。面背都有周郭，面背中央各有一长直纹。分为“旆钱当釿”“连布”“四钱”三种。“旆钱当釿”为大品，一般重31克~37克，最重可达40多克，最轻仅有17克；通长101毫米~130毫米。背文“十货”，可能是指和10枚蚁鼻钱的价值相当，不过也有人说是相当于10枚连布。“连布”为2枚“四钱”布四足相连。重15克，通长80毫米~85毫米。1枚“旆钱当釿”相当于2枚连布或4枚“四钱”。

◆ 战国“四布当釿”

◆ “殊布釿四背一货三釿货”

◆ 战国小型尖首刀

刀币

刀币也称“刀化（货）”。主要流行于环渤海沿岸的北方少数民族聚居地以及燕、齐、赵、中山等国。凸背凹刃，有柄有环，由生产工具的刀演变而来。根据刀币的整体特点可以把刀币分为六大类：尖首刀、针首刀、匽刀（明刀）、直刀、齐刀、齐境燕式刀。

尖首刀

尖首刀是最原始的刀币，与当时生活中使用的刀削很是相似，在北京延庆军都山墓地中还有青铜刀削与尖首刀共存的现象。其主要出土于河北省中部、北部和辽宁省西南部。

尖首刀的特点为首端尖锐，首部明显宽于刀身，弧背弧刀。薄刃厚背，背脊至柄部中断而为“断脊”或“断缘”。刀柄面二直纹，背二或一直纹，有圆形或椭圆形刀环。有的有一两个文字，但具体是在面还是在背都没有固定的标准，有的则没有文字。文字一般有“一”“三”“五”“六”“七”“八”“九”等数字；还有“巳”“亥”“行”“化”“大”“吉”“丘”“卜”“年”等百余种，以及不少很难理解的特殊文字等，有人认为是戎狄的族徽。重 10 克 ~16.5 克，通长 138 毫米 ~180 毫米。

1928 年在河北易县燕下都和 1979 年在河北灵寿中山国灵寿故城等处都有大量发现。基本上属于这个地区少数民族所铸造，因此也被人称之为“狄刀”。也有一部分和“匽刀（明刀）”很相似，因此也被称为“类明刀”，这可能属于燕国的货币，或者至少是匽刀（明刀）的直接前身。除此之外，还有个别的面文为“阴”，这一种应该是属于赵国铸币。

针首刀

针首刀主要出土于燕山一带，从山西北部山区向东延伸到河北西北部直至辽宁西南部。应属该地区的北方少数民族所铸造。与当时日常生活的刀削已经有了很大的区别，因此看来针首刀出现的时间要比尖首刀晚。其特征为首端尖锐细长似针，刀身比首部要窄。四周有郭，基本没有“断脊”或“断缘”现象，有圆形或椭圆形刀环。

根据针首刀的大小可以将其分为 A 型大型和 B 型小型两种。

A 型大型

A 型大型主要分布在河北张家口、承德、凌源一线，属燕国北部的少数民族铸币。铜质不精，制作较粗。体形较大，弧首弧背弧刃，体柄较宽。重 6.5 克 ~8 克，通长 135 毫米 ~148 毫米。刀柄背一直纹，面二直纹。

◆ 战国“行”“背”大型针首刀，少见极美品

◆ 燕国小型针首刀

1987 年在河北易县燕下都遗址发现其与匽刀共存。1999 年在辽宁凌源三十家子村有针首刀与早期匽刀同出，其时代当在战国早中期。

B 型小型

B 型小型又被称为“小型尖首刀”，主要分布在晋北地区，属赵国北部的少数民族铸币。铜质不精，制作较粗。体型小，刀体轻薄，直首，直背或略弧，刃略弧，窄体细柄。重 3 克 ~5 克，通长 105 毫米 ~129 毫米。绝大多数刀柄面背没有纹样，只有少数的有“一”“二”。

匽刀

匽刀很早以前叫“明刀”，数量比较多。主要出土于河北中、北部及辽宁西南部，临近的内蒙古及朝鲜半岛北部也有出土。可能由尖首刀的一支分化演变而来，主要为燕币。首部与刀身大略等宽，首端稍有圆盾，刀背断脊。背文复杂，有单字、字组和合文，常见以“外”“左”“右”为字组。面文为“邑”“易”“明”“匽”（即燕），而一般认为应该是“匽”。

1960年在河北沧县肖家楼战国遗存中出土10339枚匽刀，其中8793枚“匽”字方折，背文有456种之多，有的是符号，有的是单字，有的是字组等，没有规范性。其含铜量也很低，还含有铅、锡等金属。

根据其形制可以分为两种：弧背和折背，且折背的铸造时间要比弧背晚。

弧背匽刀

弧背匽刀一般形体稍大，重14克~19.5克，通长128毫米~150毫米。弧刃弧背，刀柄面背各有二直纹，一般在刀身前停止，也有少部分伸入到刀身。面文“匽”的写法多种多样，或方折作“”，或圆转作“”。

折背匽刀

折背匽刀或称磬背匽刀，一般形体稍小，重12克~18克，通长124毫米~143毫米。直刃折背，刀柄面背都有两条伸入刀身的直纹。背文较A型字数增多，多成组出现。面文“匽”的写法由圆转的作“”，发展到作“”。

◆ 弧背“明”刀

◆ 折背“明”刀

直刀

直刀主要出土于河北、山西、内蒙古等地。有人称直刀为“钝首刀”，其实这样的叫法是不准确的，因为有的直刀明显为方首。首部与刀身宽度基本相同，刀体平直或微弧，四周有郭，圆形或椭圆形刀环。柄背无纹或有一直纹，柄面有一、二直纹或无纹。面文为地名，素背或有“一”“五”“六”“八”“十”“化”“丘”等字。

根据其大小又可将直刀分 A 型大型和 B 型小型两型。

A 型大型

A 型大型直刀重 8.8 克 ~15.3 克，通长 124 毫米 ~150 毫米。钝首，刀身略弧。面文“甘丹”“甘丹化”“白（柏）人”“成白”“白（柏）化”“王化”“白（柏）人化”“白”“城”等 10 余种。基本都分布在战国时期赵国的势力范围。但 1980 年于河北灵寿县中山国灵寿故城内出土一窖捆绑整齐的“成白”直刀；1979 年还在故城内发现“成白”刀石范，才知道“成白”刀可能为中山国铸币。因此看来将直刀统称为“赵直刀”是不准确的。

◆ 战国直刀

◆ “晋阳新化”直刀

B 型小型

B 型小型是由 A 型大型演化而来的，个体小，重 3.5 克 ~8.2 克，通长 92 毫米 ~110 毫米。钝首或方首，刀身基本平直，个别略弧。面文有“言易化（匕）”“言易辛（新）化”“言半”“言化（匕）”。“易”旧释“晋阳”，在今陕西神木。个别面文“阴”，即“蔺”，在今山西离石。这两处均为战国赵地。

齐刀

齐刀主要分布于齐国境内，为齐国主要铸币。体大厚重，铸造精整。首部与刀身宽度相同，首端不是很尖锐。弧首弧刃弧背，四周有明显凸起的轮廓，有圆形刀环。柄部和柄面都有二道直纹，面文基本由地名或国名和“之法化”“法化”组成。背部近首端有三道平行横纹，下有镞形纹饰；背文有一两个“二”字。

齐刀依据其断脊可以分为两式：断脊和不断脊。

◆ 齐国“节墨之法化”背“化”断脊齐刀

◆ 齐国“安阳之法化”背“日”断脊齐刀

◆ 齐国“齐之法化”背“上”

断脊齐刀

断脊齐刀是齐国最早的刀币，约铸行于春秋时期，下限或可延续到战国中期。重 44.5 克 ~53 克，通长 175 毫米 ~189 毫米。背文“辟封”“安邦”“大行”“法甘（昌）”“甘（昌）”等。面文为地名或国名加“之法化”。

不断脊齐刀

不断脊齐刀铸造的时间相对较晚，是齐国晚期的刀币。面文为地名或国名加“法化”。其中“齐返邦长法化”，素背或有“上”“日”“化”“吉”等字，认为是齐襄王驱逐燕军后复国所铸。“齐法化”是齐刀中最多的一种，重 40.8 克 ~52.4 克，通长 178 毫米 ~190 毫米。背文“甘”“吉”“主”“易”等 40 余种。

另有面文“节墨法化”者，形体在齐刀中最小，重 33 克 ~35.5 克，通长 140 毫米 ~160 毫米，具有早、晚期过渡性质。分断脊和不断脊两种，一般还将面文以“簟邦”（或释“莒邦”）开头的残刀也归入齐刀范畴。

◆ 齐国“齐返邦长法化”背“日”不断脊齐刀

◆ 齐国断脊“节墨法化”背“工”

◆ 齐国“齐法化”背“草”不断脊齐刀

齐境燕式刀

齐境燕式刀指的是齐国境内出土的融合有燕、齐刀风格的刀币，以前也被叫作“齐明刀”。形制很像匽刀。背文“莒冶化（刀、匕）”“齐化共金”“莒冶法化（刀、匕）”“平（安）昜（阳）冶宋”“莒冶齐化（刀、匕）”“齐化”等。面文“匽（明）”，写法方折。清嘉庆年间最先在山东博山香峪村发现“莒冶”者，因此也被叫作“博山刀”。1979 年在山东莒县莒故城遗址曾出土这种刀币的钱范。

在齐国境内发现燕式刀币的原因可能和燕昭王二十八年至齐襄王五年（公元前 284—前 279 年）乐毅伐齐、燕占齐地有关。事实上，在山东招远等地还多次发现被截去刀首的燕国尖首刀。2000 年在齐都临淄故城附近还发现数十块匽刀陶范，因此看来，如不是因为重大的历史变故，是不会出现这种现象的。

◆ 齐境燕式刀

◆ 秦国圜钱“一铢重一两十二”

圆钱

圆钱主要流行于战国时期不使用布、刀币的秦国，以及使用布、刀币的黄河中下游广大地区。钱体圆形，中央有圆形或方形穿孔。圆钱的边称为“肉”，“肉”有薄厚之分；穿孔也因为圆、方、广、狭而有好坏之分。钱体因有无郭也有差距。郭就是提内外边缘突起的地方，或称“缘”“轮”“边”等。

圆钱根据其穿孔的形态可以分为两大类：圜钱和方孔圆钱。

圜钱

圜钱主要分布在秦国及两周、三晋地区。也被叫作“环钱”“圜金”，就是圆形圆孔钱。因分布的地域不同而有很大的差别。下面将详细介绍各个地域的圆钱。

秦国圜钱

秦国圜钱面背平素。面文环读，其含义很难确定，有“一铢重一两十四”“一

◆ 魏国圜钱“垣”

◆ 魏国圜钱“长垣一釿”

铢重一两十二”两种，前者重 13.1 克 ~16 克，钱径 37 毫米 ~40 毫米；后者重 9.8 克，钱径 37 毫米。有“一铢重一两十三”的是伪品。因为此钱面文都是指一两以上，因此也被人叫作“一两型钱”。

魏国圜钱

魏国圜钱面多无边郭，个别有极细外郭，背平素。面文多模铸一字，有的达四字。较小者钱径在 27 毫米 ~38 毫米，面文有“济阴”“漆垣一釿”“漆曩（垣）一釿”“曩（垣）半”“皮氏”“封坪”“平原”“武安”等。较大者钱径在 40 毫米以上，面文有“共”“垣”“古”“共纯赤金”等。其中最常见的，数量最多的就是面文为“垣”“共”者。

面文“共”者，重 14.8 克 ~18.5 克，钱径 44 毫米 ~46.5 毫米。面文“济阴”者，正写或反写，重 9 克，钱径 32 毫米。还有面文“曩（垣）半”者，重 12.5 克，钱径 27 毫米。

赵国圜钱

赵国圜钱背平素，面有极细外郭。面文“閃”“离石”等。面文“离石”者，重 10.6 克，钱径 35 毫米。面文“阴（蔺）”者，重 11.2 克，

◆ 圜钱“东周”美品

钱径 35 毫米。朱活老先生认为这两种钱的写法与布币的书写方法不同，且数量极少，因此应该是秦灭掉赵国以后所铸造的。现今还有一枚传世圆钱：“甘丹”圜钱。

西周、东周圜钱

西周、东周圜钱轻小，有内、外郭。面文有“东周”“西周”“安臧”等。面文“东周”者，重 4 克 ~4.5 克，钱径 25 毫米。面文“西周”者，重 3.8 克 ~4.2 克，钱径 26 毫米。还有面文“安臧”者，有的有内外郭，有的则没有郭。这几种钱都有可能是秦代以后的地方铸钱。

◆ 赵国圜钱“蔺”

方孔圆钱

方孔圆钱主要分布在秦、燕、齐国，也叫“圆钱”。因地域不同，在风格上有很大差异。

秦国方孔圆钱

秦国方孔圆钱面文“文信”“半两”“长安”“两甾”。

面文“半两”者，无内外郭。一般重6~7克，轻者仅2克，重者可达11克。钱径一般在30毫米以上，大者可达37毫米，小者27毫米。从出土的情况来看，钱形圆整，厚薄不均，钱背或有铜渍，铸口茬宽大且不加修整，周围有铸口茬，钱面不甚平整，穿孔狭小且不规整，有的仅是个实用的孔洞。“半两”二字横读，字形一般较大，上下距缘甚近，显眼突出。钱文体形高瘦，多高低不平、大小不一、粗细不同，常见“隐起文”；“两”字的上平画和“半”字的下平画都比较短，“两”字的双“人”的上部竖笔较长，两肩折笔圆。此外，还发现特殊合范法铸造的“饼半两”。总体来看，每个钱的面文都不同，基本是一个钱一个样。

面文“两甾”者，重7.87克~7.9克，钱径29毫米~32毫米。横读，背有外郭或平素，面有外郭或内外郭。有人将“半两”“两甾”两种钱称为“半两型钱”，用来区别圆形圆孔的“一两型钱”。

◆ 秦国“两甾”极美品

◆ 秦国“半两”极美品

◆ 燕国“明化”美品

◆ 燕国“一化”美品

还有两种小钱，重 2.8 克 ~4 克，钱径 23 毫米 ~25 毫米。无外郭，背平素。面文“文信”者，又称“四曲文钱”。可能是因为面有四曲纹。横读。面文“长安”者，重 1.8 克 ~2.5 克，钱径 21 毫米 ~23 毫米。“长”字在穿右，“安”字在穿下，只有这种钱是这样的文字排列顺序。

燕国方孔圆钱

燕国方孔圆钱面无郭，也有个别的有内外郭，背平素。面文横读，有“匽(明)多”“匽（明）化”“一化”等。面文“匽（明）多”者，也有释“匽（明）四”，面背平素。重 4.2 克 ~4.6 克，钱径 26 毫米 ~29 毫米。面文“匽（明）化”者，面背平素。

重 3 克 ~5 克，钱径 24 毫米 ~25 毫米。面文“一化”者，背多平素，有一种铅质者背文“吉”，有内外郭，重 1.1 克 ~2.65 克，个别重 3 克，钱径 18 毫米 ~19.5 毫米。

齐国方孔圆钱

齐国方孔圆钱面有外郭或内外郭，背平素。面文“益化”“益四化”“益六化”。面文“益化”者，重 1.3 克 ~3 克，钱径 19 毫米 ~22 毫米，有传形者。面文“益四化”者，重 5.45 克，钱径 28 毫米 ~29 毫米。面文“益六化”者，重 8.25 克，钱径 35 毫米。1960 年在山东济南五里牌坊出土“益化”2 枚，“益四化”292 枚，“益六化”305 枚。

“益”可能是一种重量单位，也可能是战国齐国的地名。

◆ 齐国“益四化”

◆ 齐国“益六化”

◆ 齐国“益化”

第三章

第三章

秦至南北朝钱币

秦始皇统一中国以后，也统一了货币制度，这个时期的钱币以“五铢”为主，并为以后的钱币制度奠定了坚实的基础，而南北朝时期各国自铸钱币，造成货币缺乏统一性和连续性，还出现了不以重量命名的国号钱和年号钱。

◆ 秦“半两”

秦朝钱币

公元前221年，秦始皇统一天下，建立了大秦帝国，开始实行统一的钱币政策。《史记·平准书》中记载：“及至秦，中一国之币为二等，黄金以溢名，为上币；铜钱识曰半两，重如其文，为下币。而珠玉、龟贝、银锡之属为器饰宝藏，不为币。”《汉书·食货志》中也有相似的记载。根据文献记载和考古资料，将秦统一货币的具体内容分为主要的两点：统一了货币的种类、统一了货币的名称。

统一了货币的种类

秦统一六国以后，为了统一市场经济，于是就废止六国货币，统一制定了上、下两等货币制度，其中黄金为贵金属，主要用来赏赐、馈赠等；而铜币为下等，主要用来交税、日常交易等。而之前使用过的珠玉、龟贝、锡银已经不能再作为货币来用。铜质货币有专门正式的形制，而黄金则没有，其流通的范围也远远不如铜质货币广泛。铜质货币虽然在先秦时期就已经很流行，但是在秦朝才开始有了固定的形式。

统一了货币的名称

除了统一货币制度以外，秦始皇还统一了货币的名称。取消了刀、布、化等名称，统一将铜币称为铜钱。此时的钱模，加上顶端的 1 个，共有 23 个钱模，2 个浇铸槽。小者宽 137 毫米、长 225 毫米。钱模有 3 行，每行各有 5 个钱模，共有 15 个钱模，2 个浇铸槽。每个钱模深约 2.5 毫米、钱径 30 毫米。

◆ 秦“半两”

汉朝钱币

汉朝时期的钱币主要分为三个部分：西汉前期和西汉后期以及东汉时期的钱币。西汉前期主要为半两，西汉后期和东汉主要为五铢，因其有很高的标准化管理、铸造工艺精良、数量大，因此其流行范围也较广泛。

西汉钱币

高祖至武帝时期

西汉前期指的是高祖元年到汉武帝建元元年（公元前 202—前 140 年）时期，这一时期的钱币为半两钱，分以下四种形式。

榆荚半两

因秦时期的钱币不适应汉初的经济生活，因此汉高祖元年到五年间（公元前 202—前 198 年），开始了一次货币制度改革。允许民间私人铸造，将圆钱减到 3 铢左右，面文仍为“半两”。这种钱体小而轻，形状像榆荚，因此被称作榆荚钱或荚钱。榆荚钱的流行引起了通货膨胀。“荚钱”版式多样，大小不一，工艺粗糙，有边郭或不明显。小者重不足 1 铢，钱径不足 10 毫米；大者重 3 铢左右，钱径可在 15~25 毫米。大者钱体字写法不规整，总体方中带圆，大多数有一个较宽铸口茬。1984 年在山西河津北关出土荚钱 10 多斤，钱径 12 毫米 ~16.5 毫米，重多在 1 克以下。钱文纤细，笔画短缺，有的有内、外郭。

还有一种与榆荚钱很相似的半两钱，钱圆孔方，厚薄均匀，可能是冥钱。其钱体轻薄，重不足 1 克，钱径 10 毫米 ~15 毫米，有的有内、外郭。面文小篆，纤细而缺画严重。

榆荚半两的主要时代特色与钱体特征分三个方面。（1）汉初，财政困难，政府以秦钱重为借口，令民间和地方自由铸造半两钱，法定重量 3 铢。（2）钱体轻小，穿孔极大，钱文“半两”，制作粗劣，得名“荚钱”。（3）大小不一，大者直径 25 毫米，重 3 铢；小者直径不足 10 毫米，重不足 1 铢。荚钱大量流入市场，引起物价上涨。

八铢半两

高后二年（公元前 186 年），自由私铸被取消，“八铢钱”由国家铸造发行，面纹“半两”，又称“八铢半两”。钱文有隶书风格，厚薄均匀，通体圆正，边郭清晰，穿孔标准，有 2~4 个铸口茬。钱文扁平，笔画转折方正。钱径 27 毫米 ~31 毫米，重 3.5 克 ~5.5 克。据《汉书·高后纪》注引应劭的解释，这个八铢半两只是高后恢复秦的八铢半两，并没有重新铸造。

◆ “八铢半两”

由于八铢直径与部分中型秦半两相似，经常造成混淆而难以分辨。过去曾有学者认为，汉初郡国铸钱，局部地区可能将遗存的秦半两钱范修改后铸造八铢半两，因此难以从形制上辨识。此说虽无直接证据，但大体也反映出因为八铢与某些规格的秦半两相近，而使部分研究者认为吕后八铢实际只是中晚期秦半两的一种形制。

四铢半两

公元前 179 年汉文帝刘恒继位，他继位后亲贤纳谏，倡导以农为本，注意发展生产，紧缩通货，把从税收收来的钱储存于国库之内，不再放出，同时取消“盗铸钱令”，允许自由铸造，鉴于五分钱轻小于文帝前元五年（公元前 175 年）铸行半两钱，因此朝廷法定钱重四铢，故称“四铢半两”。

《汉书·食货志》中记载，除去吕后时的“盗铸钱令”，开始官民同铸。文帝赐邓通蜀严道（今四川荥经）铜山，让其大量铸钱，吴王濞也大量铸钱，形制轻重与中央钱币无别。当时国家对流通钱币的大小重量标准严格控制。

《史记·平准书》中也有记载：“乃更铸四铢钱，其文为‘半两’，令民纵得自铸钱。故吴，诸侯也，以即山铸钱，富埒天子，其后卒

◆ “四铢半两”面月纹

◆ “四铢半两”光面

以叛逆。邓通，大夫也，以铸钱财过王者。故吴、邓氏钱布天下。”

景帝中元六年（公元前 144 年），经过“七国之乱”的教训，朝廷禁止私铸，制定“铸钱、伪黄金弃市律”“而铸钱之禁生焉”（《史记·平准书》）。自此以后，由中央委派官吏管理，只准郡国铸币，西汉政府才逐渐控制了铸币权。

四铢半两数量很多，分布十分广泛，几乎遍及西汉王朝的疆域。此钱铸造精整，形制规范，标准化程度较高，钱币周边打磨圆滑，不见铸口茬。钱径大小基本一致，厚薄匀称，钱圆孔方；面多无外郭，少数有浅细外郭，个别有内郭，出现各种文字或符号，有阴刻文，也有阳文，如穿上横文、穿下横文、卷云纹，背平夷。在半两钱中最易辨识。

文景前期的四铢半两，钱径一般 23 毫米 ~24 毫米，重 2.5 克 ~2.8 克，约等于 4 铢。文字虽为篆书，但字体清晰方正，笔画方折，有隶书笔意，“两”字多为“十字两”和“连山两”，“双人两”较少，“半”字的下横画和“两”字的上横画与整个文字等宽，“半”字上二画方折。武帝建元五年（公元前 136 年）铸造的后期四铢半两显得轻薄，铸造也不够精整，但有外郭，目的是为防止私铸者磨边取铜。钱径一般 21 毫米 ~23 毫米，重约 2 克，钱文减笔严重，“半”字的上横画上折不显；“两”字多为“十字两”，甚至中央减为一竖或中空。

1958 年和 1960 年分别在湖南衡阳凤凰山和长沙砂子塘西汉墓中出土数百枚铁质四铢半两，是中国最早的铁钱。钱径 23 毫米 ~25 毫米，重约 2.8 克，有郭或无郭。

1973 年在山东临沂银雀山武帝前期的汉墓 M1、M2 中共出土四铢半两 73 枚，重 1.7 克 ~2.8 克，篆书，有的具隶书风格，有的有外郭。

1975 年，湖北江陵凤凰山 M168 出土的 101 枚四铢半两“法钱”，形制规整，文字清晰方正，多有外郭，有的还有内郭，重 2.6 克 ~3.2 克。

武帝后期

西汉后期的钱制主要是指武帝建元元年至王莽居摄二年（公元前 140—公元 7 年）的钱形币制。

三铢钱

《汉书·武帝记》中记载：“（建元元年）春二月，行三铢钱。”

《史记·平准书》和《汉书·食货志》中记载三铢钱铸于武帝元狩四年（公元前 119 年）。

汉武帝刘彻即位后，通货膨胀，据记载，“县官往往即多铜山而铸钱，民亦盗

◆ “三铢”

铸……钱益多而轻，物益少而贵”。因此，武帝建元元年（公元前 140 年），销毁四铢半两，改铸三铢钱。三铢钱面文“三铢”，重如其文。铸造三铢钱，是为了适应市场的实际需要，因为所谓四铢半两实际上已减重到三铢左右。

由于三铢钱铸行的时间短促，传世下来的实物十分稀少，物以稀为贵，就自然而然地成为钱币收藏者争相猎取的目标，因此具有相当高的收藏价值。

三铢钱背平无轮廓，穿径为 8 毫米，厚 1.5 毫米，钱径为 23 毫米，重 2.5 克，三铢钱“铢”字的“金”旁，上呈三角形，下是王字直笔到底为一横，与五铢钱的铢字笔画形体截然不同，成为独有的一大特征。三铢钱这种怪异的钱文形体迄今还没有人能够说清楚。

三铢钱多有外郭，背平夷。钱径 21 毫米 ~23 毫米，重 1.8 克 ~2.1 克，约合 3 铢。钱文纤秀清晰，规整方正，有传形者。

郡国五铢

《汉书·武帝纪》中记载，“元狩五年（公元前 118 年），罢半两钱，行五铢钱”，也有说五铢钱始于元狩四年。

按照《史记·平准书》的说法，三铢钱（实为半两钱）轻薄，所以比较容易私铸，遂令各郡国铸周郭五铢，有郭的作用就是防民间磨取铜屑。《汉书·食货志》记载：“周郭其质，不可得摩取（镕）”。由于这种元狩年间铸造的五铢钱为各郡国铸造，故被称为“郡国五铢”或“元狩五铢”。

◆ “郡国五铢”美品

郡国五铢钱面均有外郭，无内郭；钱背有内、外郭，边郭多留有“毛边”，还有半两钱的气韵。面文“五铢”，重如其文。由于是由各郡国铸造，所以形制、文字不十分规范，铸工也精细不一。面文为小篆，字体略宽矮，写法多样，不够规范。“五”字的交笔多直或缓曲，也有个别曲度较大。“铢”字多不清晰，“金”字头较大，多为三角形，也有的底边外凸呈镞形，四点或长或圆。“朱”字头上方折，下圆中带方，往往一角稍圆，一角略方。从符号上看，郡国有穿上横、穿下横、穿上三角、穿上下三角、穿下横、穿下半月等。由于各地技术水平不同，铜矿的成分各有差别，官吏了解命令的程度与奉行的态度很难一致，所以铸出的钱差别很大，有的与旧汉半两一样，背平无轮廓，有的穿孔大，肉薄，也有肉厚的。郡国五铢含铜量在 80% 左右，铜色多呈紫红，少数发黄。

赤仄五铢

赤仄五铢又称“赤仄钱”“赤侧钱”“子绀钱”。武帝元鼎二年（公元前 115 年），民多私铸郡国五铢，导致五铢钱越来越小，质量越来越差，所以改由京师钟官统一铸造“官赤仄”钱，即所谓“赤仄五铢”。赤仄五铢一当五郡国五铢，并规定“赋官用非赤仄不得行”。赤仄五铢实物尚无定论，有人认为其为一种平背的五铢钱。

2002 年，西安张汤墓出土 7 枚红铜五铢，钱径 25 毫米，被发掘者认定为赤仄五铢。

◆ “赤仄五铢”

上林三官五铢

《史记・平准书》记载："悉禁郡国无铸钱，专令上林三官铸。钱既多，而令天下非三官钱不得行，诸郡国所前铸钱皆废销之，输其铜三官"。《集解》中记载："《汉书・百官表》云：水衡都尉，武帝元鼎二年初置，掌上林苑，属官有上林均输、钟官、辨铜令"。陈直则说，三官"当为钟官、辨铜、技巧三令丞，皆属于水衡都尉。因水衡设在上林苑，故称为上林三官"。

上林三官有以下特点：

（1）上林三官五铢铸工精整，规格一致，成为两汉五铢的定式。"五铢"二字方而略长，风格较为一致，"五"字交笔缓曲，上下与两横笔交接处略向内收。"铢"字"金"头有三角形、箭镞形两种，四点方形较短。"朱"字头方折，下垂笔基本为折圆，头和尾与"金"字旁平齐，笔画粗细一致。

（2）钱形整齐，直径25毫米~25.5毫米，穿直径约9.7毫米，郭厚1.5毫米~2毫米，宽1毫米~1.4毫米，内外郭宽窄均匀，郭峻深平整，较郡国五铢略宽；背有内外郭，个别内郭四角微凸。

（3）铸工精细，面背比较平整，内外郭宽窄均匀，规矩整齐。

（4）记号有穿上横和下半星两种。

（5）三官五铢币材的颜色为红色，含铜量在70%以上，含铅量约20%，比郡国五铢略低，但配比合理，物理性能好。

在西汉五铢钱中，上林三官五铢是比较常见的一种。

20世纪五六十年代在洛阳烧沟和洛阳西郊先后发掘汉墓群，出土了大量的汉代铸币，其中上林三官五铢在两处汉墓中都有出土。

昭帝五铢

昭帝年间（公元前86—前74年）铸造。昭帝五铢的大小和武帝时期的上林三官五铢基本相同，但重量要比三官五铢略轻，但比宣帝五铢重。钱文"五"字瘦长，交笔末端略内收，亦为缓曲状，上下横较与外郭相接较长；"铢"字之"朱"上方下圆，"金"字头为三角形，明显低于"朱"。符号主要有穿下半星和穿上横文。铜色深红。

◆ “昭帝五铢”

1983 年，成都凤凰山新莽墓出土昭帝五铢 29 枚，钱径 25.5 毫米 ~26 毫米，重 3.4 克 ~3.9 克。陕西省博物馆藏有昭帝元凤四年（公元前 77 年）及六年（公元前 75 年）陶范母。

宣帝至平帝时期五铢

为公元前 73—公元 6 年铸造。宣帝五铢的大小风格与昭帝五铢接近，但更加精整规范。无论是其铜质、形制、书体以及工艺，都已经达到尽善尽美的程度。

◆ “宣平五铢”

钱径25毫米~26毫米，面郭宽达1.5毫米~2毫米，在汉五铢中属于面郭最宽者，重约3.5克。外郭多向内侧倾斜。钱文笔画清晰方正，“五”字交笔弯曲，两侧有一定长度的几乎竖直的笔道，上下两画多与外郭相接；“铢”字的“金”字旁多呈等腰三角形而又低于“朱”字。其中宣帝晚期铸造的五铢钱外郭由外向内呈坡状倾斜。“朱”字上方折，下圆中带方，“金”字头较“朱”字旁略低。铜色紫红。有汉宣帝元康二年（公元前64年）陶钱范母传世。

1983年，成都凤凰山新莽墓出土宣帝至平帝时期五铢164枚。

小五铢

关于小五铢之铸造年份，目前存在争议，有的记载是为宣帝时期所铸，也有记载为武帝元鼎四年（公元前113年），旧谱记载为沈郎五铢、六朝“鸡目五铢”甚至王莽五铢等。

小五铢钱径11.5毫米~12毫米，重0.62克~0.73克。

铸工方面，小五铢铸工精美，个别鎏金，面有外郭无内郭，背内外郭皆有。符号为穿上横文和下半星等。小五铢特征有差距，此差距为不同时期铸造而成。

“五”字上下横画有的较长，多与外郭相接；交笔有的略直，有的略弯，有的则弯曲较甚；“铢”字之“金”字头小，四点小而圆，“朱”字三折，下圆中带方。

◆ “小五铢”

“剪轮五铢”和“金五铢”

“剪轮五铢”又称“磨郭五铢”或“剪郭五铢”，就是将普通五铢钱磨掉或凿掉边郭而形成的减重钱币，有的属于铸造而成。金五铢于1980年在陕西咸阳塬发现1枚，铸造精美，其特征似属宣帝时期。

五铢钱是我国钱币史上使用时间最长的货币，也是用重量作为货币单位的钱币，在我国五千年的货币发展史中具有一定的影响。五铢钱轻重适中，形制合理，在中国历史上流通了739年。西汉时期，五铢钱的铸造数量庞大，据《汉书·食货志》中记载：“自孝武元狩五年三官初铸五铢钱，至平帝元始中，成钱二百八十亿万余。”五铢钱因为存世量大，是普通且易见的古钱，虽然已经有2000年的历史，但是现在收藏市场价格也仅值几元钱。所以在收藏时我们要多多留意在刻版与铸造时发生误差而造成的传形、叠字版别的五铢钱。

王莽时期

王莽时期的币制极其混乱。王莽篡政后，曾进行过四次币制改革，币制改革目的不是在于促进经济发展，而是借“托古改制”之意搜刮民财。这就注定了其在政治上的失败。然而王莽时期铸币异常精美，币文为“垂针篆”或“悬针篆”，所以，王莽也被誉为中国第一位铸钱专家。

第一次币制改革

王莽进行第一次币制改革是在居摄二年（公元7年），他下令在五铢钱之外增铸大钱、契刀、错刀。据《汉书·食货志》记载：“王莽居摄，变汉制，以周钱有子母相权，于是更造大钱，径寸二分，重十二铢，文曰‘大钱五十’。又造契刀、错刀。契刀，其环如大钱，身形如刀，长二寸，文曰‘契刀五百’。错刀，以黄金错其文，曰‘一刀直五千’。与五铢钱凡四品，并行。”

此期间的铸钱主要为“大泉五十”“一刀平五千”“栔刀五百”等，两刀的铸造主要用于兑换搜刮民间黄金，并规定“禁列侯以下不得挟黄金”。大钱的发行，导致民间私铸盛行。

◆ “一刀平五千”

◆ “栔刀五百”

一刀平五千

“一刀平五千”刀币，铸工精美，表面多呈水银沁色。分为环柄和刀身两部分，环柄为一方孔圆钱，环文上写“一”，下写“刀”，均为阴刻字，字陷用黄金填造，经打磨后字面与钱面平齐。刀身上铸有阳文“平五千”三字，其中“平”是“值”的意思，即表示一枚刀币价值等于五千五铢。

“一刀平五千”刀环径 27 毫米 ~29 毫米，重 30 克 ~34.7 克，通长 72 毫米 ~75 毫米，也有的仅重 20 克。

栔刀五百

王莽居摄二年（公元 7 年）铸。“环如大钱，身形如刀”，栔刀五百的基本形制与“一刀平五千”相同，环面铸阳文“栔刀”二字，刀面铸阳文“五百”，篆书。“栔”通“契”。以一当五百五铢。“栔刀五百”刀廓深峻，铸文精美。通长 73 毫米，重 16.4 克。

1978 年在河南淮阳平粮台出土 7 枚，同年在陕西岐山曹家沟出土 1 枚。

大泉五十

“大泉五十”铸行时间为公元 13 年，是王莽新朝通行货币中流通时间最长、铸量最大的货币。

“大泉五十”版别多，铸工精美，规范工整，内涵丰富。多呈水银沁色，铜质优良。面背均有工整宽厚的内外边郭，普通大泉五十钱径 27 毫米 ~28 毫米，重 6.4 克 ~7 克。文字峻深，“大”字多呈圆弧形，少数呈“燕翅形”或“窄肩形”；“泉”字中竖中断。

大泉五十版别多样，在收藏时我们要注重版别的选择，另外王莽是一个迷信的人，王莽铸币中出现多种厌胜纹饰的“大泉五十”，其中有人物、鸟兽、吉语、吉祥图案等。但数量极少，市场价格也较高。

另外，还有一种“大泉十五”，被大多数人认为是“大泉五十”的传形。

◆ “大泉五十”

◆ “大泉十五”

◆ “小泉直一”

第二次币制改革

新莽政权建国元年(公元 9 年)，王莽进行了第二次币制改革。《汉书·食货志》中记载：“莽即真，以为书‘刘’字有金刀，乃罢错刀、契刀及五铢钱。”

王莽铸“小泉直一”，铜质精良，文字精美，悬针篆。篆体泉字中竖断为两截，按照新莽货币制度，一枚“小泉直一”与一枚五铢钱等价，是新莽布泉体系的基本单位。“小泉直一”与大钱“大泉五十”两品并行。由于莽钱的屡次变更，钱币价虚，所以百姓私下仍用五铢。而且熔化小钱铸造大钱有丰厚的利润，故私铸大盛。

小泉直一与大泉五十的形制、风格都一致，面背均有整齐边郭。穿有广狭之分，钱径 14.5 毫米 ~15.3 毫米。重多在 1.4 克左右，个别重达 2.61 克，轻薄者有的不及 1 克，实际上约 1 铢多。

第三次币制改革

王莽于建国二年 (公元 10 年) 进行第三次币制改革，这次改革就是历史上的“宝货制”。“宝货制”分为“五物”“六名”“二十八品”。“五物”指金、银、铜、龟、贝。“六名”指泉货、贝货、布货、龟宝、银货、黄金。“二十八品”指泉货六品、黄金一品、银货二品、龟宝四品、贝货五品、布货十品。纷繁荒谬的货币制度，违背了货币流通的基本条件，多种类多单位的币制严重阻碍了货币价值尺度的功能。除其中的“钱货六品”（小泉直一、幺泉一十、幼泉二十、中泉三十、壮泉四十、大泉五十）和“布货十品”（小布一百、幺布二百、幼布三百、序布四百、差布五百、中布六百、壮布七百、第布八百、次布九百、大布黄千）还能部分流通外，其余根本无法通行。

《汉书·食货志》中记载：“百姓溃乱，其货不行，民私以五铢钱市买。”后期王莽只好宣布“宝货制”失败，流通货币只以“大泉五十”和“小泉直一”为主。

钱货六品

大泉五十和小泉直一数量较多，但其余幺泉一十、幼泉二十、中泉三十、壮泉四十由于施行的时间甚短而铸造数量极少，尤以壮泉四十最为难得。这四种钱币制作精整，铸工比大泉五十稍差，与小泉直一形制、风格一样，钱文篆书，异常精美。

◆ “大泉五十”

◆ “小泉直一”

◆ “幺泉一十”

◆ “幼泉二十”

◆ “中泉三十”

◆ “壮泉四十”

十布

所谓“十布”，就是王莽时期十个面额的布币，依次可分为小布一百、幺布二百、幼布三百、序布四百、差布五百、中布六百、壮布七百、第布八百、次布九百、大布黄千。十布铸造精良，面背肉好都有周郭。钱文为悬针篆，流畅精美，清晰平整。多有水银沁色，精美绝伦。布形似楚之长布，方裆、平肩、方足，首部有圆形穿孔，微束腰。钱面中央有一直纹，有的上延至顶，有的倒穿而至。

钱文写法为“大布黄千”的“千”写作“[illegible]”，“差布五百”的“五”写作“𠄡”，其余数字均用古代筹算中的数码书写，即“一、二、三、亖、丅、丌、𠀋、𠃩”。“十布”中大布黄千存世较多，其余罕见。

◆ “小布一百”

◆ “幺布二百”

◆ “幼布三百”

◆ “序布四百”

◆ “差布五百”

◆ “中布六百”

◆ “壮布七百”

◆ “第布八百”

◆ “次布九百”

◆ “大布黄千”

第四次币制改革

王莽在天凤元年（公元 14 年）进行了第四次币制改革，这次改革废除了大、小钱，新铸“货布”“货泉”。货泉形制为方孔圆钱，“货泉”直一，重五铢；货布的形状仿先秦布币，当货泉二十五，实际上也是虚币。同时大泉五十因流通时间长久，仍没禁止，但值与货泉相当，《汉书·食货志》载：“并行尽六年，毋得复挟大钱矣。”除此之外，据出土的实物来看，王莽还铸造过一种面文为“布泉”的方孔圆钱，但文献无记载。王莽币制的混乱加剧了当时社会的动荡。

货布

货布的造型古朴，铸工精整，十分规范标准，书法独特。形制、风格与“十布”一致，钱文篆书“货布”二字，在长达 30 毫米的笔画中，笔线仅宽 0.36 毫米。中央直纹到穿而至。面背肉好皆有周郭。货布长约 58 毫米，平均重 17.2 克。

货泉

《汉书·食货志下》中记载：“天凤元年，复申下金银龟贝之货，颇增减其贾直。而罢大小钱，改作货布……直货泉二十五。货泉径一寸，重五铢，文右曰‘货’，左曰‘泉’，枚直一，与货布二品并行。”

◆ “货布”美品

◆ “货泉”背四出美品

货泉分以下五种：

（1）“标准类”货泉：钱径约 23 毫米，重 3.2 克。风格接近大泉五十，面文清晰工整，多内郭或“重好”，有的背具决文，其中面文外郭外高内低者被称为“额缘”。除半星、决文等外，还有极少量带符号类货泉。

（2）“减重”货泉：钱径约 22 毫米，重约 2 克。制作较标准货泉粗率，无内郭者占大多数，铸行年代较晚，数量庞大。此类货泉多见符号，主要有星文和决文，见于穿的上下左右，一般一个的居多，也有穿上或下左右各一决文者，甚至还有四星者；也有星和决文一起出现的。此外还有横文、阴文、传形、合背、合面、四出、复书、单字等特殊品类。

（3）“小货泉”：这类货泉发现于新莽末期和东汉时期的墓葬，如洛阳烧沟和洛阳西郊墓葬中，文字大略清晰，有的背平，钱径仅 13 毫米 ~16 毫米，重约 1 克。这种小货泉或许属冥币。

（4）“饼钱”：文字较为浅平模糊，多出土于关中及临近地区。有铜铁、铜、铁合金 3 种质地，中间厚、边缘薄；形体厚重，不规整。

（5）“连钱”：顾名思义，就是许多钱连在一起的钱，此类连钱大多文字模糊，厚重粗糙，单枚钱径最大者 32.4 毫米，最小者 25.4 毫米，最轻者 7.6 克，最重者 34 克。饼钱和连钱的铸行至今不明。

布泉

货泉与布泉风格一致，面文为垂针篆“布泉”，“泉”字中竖不连。布泉铸工精整，面背肉厚，边郭规整，钱面外郭特点为外高内低额缘，内郭多为重好，有的有上下决文或星文。

◆ “布泉”美品

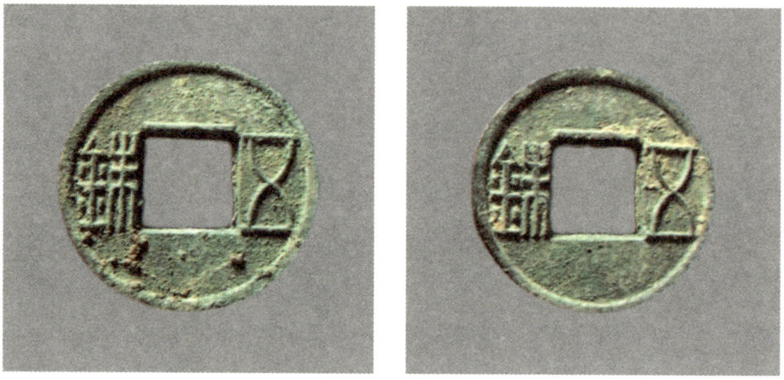

◆ “更始五铢”

更始五铢

新莽末年绿林军建立的以刘玄为帝的政权又称为更始政权（公元 23—25 年）。《后汉书 · 刘玄传》中记载：“更始二年十月，铸五铢钱。”关于更始五铢，陕西西安三桥镇征集到的铜范母就是一个证明。此铜范母背面刻有篆书“更始二年十月工缑岑刻”字样，正面有钱面两列，每列各四，每列有面模、背模各二，面模篆书阳文“五铢”。

东汉钱币

东汉初年，经济萧条，“布帛金粟”为日常交易物品。建武十六年（公元 40 年），社会经济得到复苏，才在马援的建议下恢复铸行五铢钱，即所谓“建武五铢”。

传世的建武十七年间（公元 41 年）的铜范母为圆角长方形，面模篆书阳文“五铢”。正面有钱面两列，每列各四，每列有面模、背模各二，为遏制钱币盗铸，东汉政府特署第五伦为督铸钱。除章帝元和年间（公元 84—86 年）曾废钱不用外，东汉五铢钱流通的 180 多年间里，五铢钱币制是中国历史上最为稳定的时期，东汉五铢与西汉五铢相比，东汉五铢较为轻薄，铜色由略红向浅红、黄直至白色发展，表明含铜量逐渐降低。

"五铢"二字略宽矮，笔画粗浅，"五"字交笔弯曲，上下横画不出头或略出头。"金"字旁较宽，四点略长，呈等腰三角形。"朱"字旁多上下均为圆折，也有上方下圆者；"朱"字旁中间的横画前期较短，后期略长。钱径 25.5 毫米 ~26.1 毫米，穿宽 9 毫米 ~10 毫米，郭宽 1 毫米 ~1.2 毫米，一般重 3 克，精致者重 3.4 克 ~3.5 克。东汉五铢有穿上星、穿下星、穿上下各一星、穿上横画穿下星等多种符号，有的还有成排的多个星及一些阴刻于面或背的记号，如"十""八""HI""田"等，带符号的都铸工粗糙，文字浅平，非常轻薄，铜色浅黄，可能为东汉后期铸造。

根据《后汉书・灵帝纪》的记载，"对文五铢"和"綖环五铢"在东汉后期桓帝时期（公元 147—167 年）大量出现，这表明此时货币已经贬值。"对文五铢"又称"对文钱""剪轮五铢"，"剪轮五铢"钱径 14 毫米 ~18 毫米，是一个完整五铢钱被剪凿而留下或直接铸造的中心部分，剪轮五铢只剩一半"对文"，为"五"字的左半和"铢"字的右半"朱"。"剪凿"后剩下的钱币外圈，称"綖环五铢"或"綖环钱"。钱文为"五"字的右半和"铢"字的左半"金"。也有人说它并不是行用的货币。

到东汉晚期灵帝中平三年（公元 186 年），铸有"四出五铢"，钱径 25.3 毫米 ~25.5 毫米，穿宽 8 毫米，重 3.3 克 ~4 克。四出五铢铜色黄白，背有四斜纹直达外郭，精美厚重。根据其形制来看，该钱不大可能与一般的轻薄五铢钱同值使用，可能为一种搜刮民财的虚币。

◆ "綖环五铢"

◆ "四出五铢"

《后汉书·董卓传》中记载："坏五铢钱，更铸小钱。"东汉末年，董卓当权，此时期铸造的小钱字迹模糊、轻薄粗劣，肉好无郭，不加锉磨，又称"无文钱"。这种小钱一出，谷一斛升至数十万钱，最终导致钱货不行、倒退到以物换物的原始经济状态。

根据《后汉书·公孙述传》的记载，光武帝建武六年（公元 30 年）割据四川的公孙述"废铁官"，置"铁官钱"，这是我们国家文献中最早关于铁钱铸造的记载。公孙述铸造的可能是铁质五铢钱，但铁质五铢钱在公孙述之前已在四川出现。汉代在新疆和田等地还有圆形无孔的汉怯二体钱，一面为汉文篆书"六铢钱"等，一面为马形图案及怯卢文。

◆ "东汉五铢"

◆ “曹魏五铢”

三国时期钱币

在隋代统一货币之前，从三国到隋代几百年的时间内，币制都异常混乱。三国鼎立，各个国家在沿用两汉钱币的基础上，又发展出各具特色的钱币制度。

曹魏钱币

曹魏地处中原地带，连年的战乱使经济遭到了严重破坏，曹操为了恢复经济，实行屯田政策，这样社会经济逐渐恢复。曹操废董卓的小钱，恢复了五铢的流通地位，但是这种措施难以实行，谷帛仍然作为货币角色在市场上流通。

魏文帝黄初二年（公元 221 年）三月，复行五铢钱，所谓复行就是恢复旧的五铢钱，并未新铸。7 个月之后，又“以谷贵罢五铢钱”。根据《三国志·魏书·明帝纪》的记载，曹魏正式铸行自己的五铢钱，是在明帝太和元年（公元 227 年），这种新铸的五铢钱被称为“曹魏五铢”，曹魏五铢的具体形制到目前为止还没有完全统一的意见，有人认为其制作粗糙，钱体轻薄，直径在20毫米左右，重约2克，字形较长，由于穿过于宽阔而“五铢”二字不全。有人还认为曹魏五铢中有一部分应为“二柱五铢”和“四柱五铢”。也有人认为其制作较精，直径在25毫米左右，重3.4克～3.5克，“五”字交笔弯曲，“朱”字头圆折，笔画肥硕；在实际流通中则更多使用旧五铢。无论如何，从曹魏一直未出现大值虚币的情况来看，其经济实力雄厚，这为西晋统一全国奠定了基础。

蜀汉钱币

蜀汉偏处西南，又连年征战，财政困难，军费紧张，发展经济受到局限，只好采用发行大值虚币的办法来勉强维持。

直百五铢、直百、直一

《三国志·蜀书·刘巴传》中记载“以数月之间，府库充实”。在刘巴的建议下，刘备于建安十九年（公元214年）发行“直百钱”，直百钱有面文“直百”和“直百五铢”两种。直百五铢面文篆书顺读，“直百”二字宽矮，分别与王莽“小泉直一”的“直”和“契刀五百”的“百”字相同。“五铢”二字略瘦长而与汉五铢字样近似。

◆ “直百五铢”

钱径 26 毫米 ~28 毫米，重 8 克 ~9.5 克，面背肉好都有周郭。后期减至直径 24 毫米，重 3.2 克。

直百五铢钱背穿左有阳文“爲”字，系益州犍为郡铸造，被称为“犍为五铢”，这在中国的方孔圆钱中是最早的背文纪地者。还有钱背刻有阴文者，有“月”“田”“王”“吉”“羊”等文字，“一”“|”“二”“卅”等数字。四川是直百五铢的主要出土地区。还有另一种顺读“直百”钱，这种钱有传形样式，为蜀汉后期“直百五铢”的省文。大者钱径 15 毫米 ~20 毫米，重 1.4 克 ~1.6 克；小者直径 12 毫米，重仅 0.6 克，应为不足值的劣币。还有“直一”钱，少而珍贵。

太平百钱、世平百钱、太平百金

《隋书·食货志》提到南朝梁时百姓以直百五铢、太平百钱、定平一百等旧钱交易。四川一带是太平百钱的主要出土地点。

1955 年在武昌孙吴郑丑墓出土太平百钱 128 枚，该墓纪年为“黄初六年”（蜀汉建兴三年，公元 225 年），该钱的年代当不晚于该年。

1980 年在成都西门外小通巷出土太平百钱铜范母，可证该钱属于蜀汉。

太平百钱，一般钱径 25 毫米 ~27 毫米，重 4 克 ~9 克，小钱钱

◆ “太平百钱”背记号

径 13 毫米，重仅 0.7 克，钱背有水波纹，钱文顺读，光背而阴刻有符号。钱文有篆书、隶书两种，“太”有时作“大”。还有钱文作“世平百钱”者，风格、铜质与太平百钱完全相同。还有钱文“太平百金”小钱，“金”大概是“钱”的省文。

定平一百

关于定平一百钱的归属，历来就存在争议，有吴钱、蜀钱、十六国大成国钱的不同说法。但是 1984 年安徽省马鞍山市孙吴朱然墓出土有定平一百则推翻了十六国的说法。定平一百钱轻巧薄小，隶书顺读，钱径 12.5 毫米 ~17 毫米，重 0.65 克 ~0.9 克。

◆ “定平一百”

蜀五铢

还有一种五铢可能属于蜀五铢，这是一种内郭五铢。此钱铜色黯淡。面文篆书“五铢”，风格与直百五铢类似，笔画略肥。素背，“五”字两横不出头且不与郭相连，略似两个对顶三角形。钱径 21 毫米，重约 2 克 ~2.5 克，有的钱背阴刻有“十”“廿八”等字。

1973 年江苏丹徒东晋窖藏见有蜀五铢与直百五铢共存，也有人认为该钱是西晋时期蜀地所铸。

孙吴钱币

孙吴时期，经济发展不平衡，有些地方还比较落后。由于经济的因素，孙吴在蜀汉之后，实行了面值更大的虚币政策。

大泉五百

《三国志·吴书·孙权传》中记载："（嘉禾）五年春，铸大钱，一当五百。"吴大帝嘉禾五年（公元 236 年）铸造"大泉五百"铜钱。大泉五百为青铜钱，周郭较宽平，大小相差甚远，小者钱径 17 毫米，重仅 0.6 克，大者钱径 32 毫米 ~35 毫米，重 6 克 ~7 克。钱文继承了新莽"大泉五十"的特点，篆书顺读，而精美不如莽大泉五十，"泉"字中竖不断也与莽钱不同。"百"字瘦长而与蜀汉"直百"之"百"相近，"五"字交笔略直或微曲。大泉五百主要出土于南京及临近地区，即当时的孙吴都城建业附近。

◆ "大泉五百"

◆ “大泉当千”

大泉当千

根据《三国志·吴书·孙权传》的记载，赤乌元年(公元238年)，铸造“大泉当千”，钱为青铜质，周郭宽平，钱文篆书旋读，形制略同大泉五百，不甚规整，发行九年。“大”字以圆弧形居多，“泉”跟王莽大泉五十不同，其中竖不断，但上不与横相接，“當(当)”字笔画方折。大者钱径40毫米，重15克；小者钱径24毫米，重2.7克。在孙吴及西晋墓中有出土，数量不多。

大泉二千、大泉五千

除大泉当千外，孙吴铜钱还铸有“大泉二千”“大泉五千”两种，此两种钱均无文献记载。其风格为面背肉好皆有周郭。钱文篆书旋读，与及铜质和大泉五百、大泉当千相同。大泉二千甚为稀少，钱径约35毫米。

1956年在浙江黄岩晋墓有发现，在广州、长沙也有出土。

大泉五十旧钱为吴国通用，吴国可能利用新莽旧范铸造过大泉五千。

巨额大钱的铸造标志着东吴经济的脆弱，大钱实际上难以流通，据《三国志·吴书·孙权传》中记载，赤乌九年（公元246年），“权闻民意不以为便，其省息之”，大钱被悉数收回改铸为器物，库存大钱也不再向外发放。

综观三国钱币，地区性特点明显，铸钱种类多，数量少，如大泉五千存世仅2枚；除大面值虚币外，辅之大钱的不管是平钱，还是虚币，都有轻薄质劣的“小钱”；还出现了“背文纪地钱”。综观这些方面，都反映出当时政局分裂、政治动荡、经济不稳的社会状况。

◆ “大泉二千”

◆ “沈郎五铢”

两晋十六国钱币

中国货币史上的低谷时期为两晋十六国时期，这期间，谷帛等实物货币常常代替钱币作为流通的主要手段。

两晋钱币

史书未载两晋有铸造钱币的记录。

西晋时期，“八王之乱”使得经济大衰退。经济的萧条使得西晋多以物或曹魏五铢及前朝古钱交换。孙吴和蜀汉旧钱为东晋时期的流通货币。当时，有“比轮”“四文”的称呼，可能分别指较大的大泉五百、大泉当千，和略小的直百五铢、太平百钱，以及莽钱大泉五十之类，还有“剪轮五铢”“沈郎钱”等小钱。

东晋时，吴兴沈充私铸钱称为“沈郎钱”。沈郎钱多不锉磨，“铢”字皆缺“金”，或缺“朱”，薄而小，有外郭，有的背平素似半两钱。质地很差，铜色青白，以铅锡较多，钱径 18 毫米，重 1.2 克 ~1.5 克。有四决文、传形者。该钱当铸造于东晋明帝太宁二年（公元 324 年）以前，沈充于公元 324 年被杀，但民间有仿铸。唐李贺诗《残丝曲》曰：“花台欲暮春辞去，荷花起作回风舞，榆荚相摧不知数，沈郎青钱夹成路。”以其与榆荚钱相比，说明减重十分严重。

十六国钱币

十六国时期，多物物交换，也有 4 个政权铸造了钱币。

前凉钱币

据《晋书·张轨传》记载，张轨（公元 255—314 年）割据凉州建前凉，铸造有“凉造新泉”。过去认为，凉造新泉是北凉沮渠蒙逊铸造，现在通过出土文物及考古研究表明，此种说法不正确。凉造新泉一共 10 余枚，因为它是方孔圆钱中最早的“国号钱”，所以有很高的历史学术价值。

◆ “凉造新泉”

1989 年在甘肃武威十六国窖藏中曾出土 8 枚。

凉造新泉，面背肉好皆有周郭，书法工整精美，青铜质，钱文篆书顺读，但钱文不十分清晰，有流铜。有大小品之别。

大品数量较少，大小、轻重、钱文书法又有差异。钱径 18.5 毫米 ~23 毫米，重 1.8 克 ~2.3 克。“凉造”二字宽扁，“新泉”二字瘦长，“凉”字中间的“口”多作“日”，个别作“口”。小品数量较多，风格比较一致，钱径约 18 毫米，重 1.4 克，“凉”字中间的“口”作“日”；“泉”字外轮廓似莽钱者，但中竖不断且与上横画相连。

1983 年在陕西西安何家村出土 1 枚，之后在前凉旧都武威出土 10 余枚，宁夏盐池发现 1 枚。

张骏（公元 324—345 年）又铸造“太元货泉”；河西还发现有“蜀五铢”。

后赵丰货钱

“丰货”铸造于东晋元帝大兴二年（公元 319 年），石勒建后赵的时期，丰货钱数量较少。钱文自然生动，篆书顺读。

丰货钱在历代素以富钱称谓，《文献通考》称其为“富钱”，《册府元龟》称其为“男钱”。古人以为，藏有丰货钱会使人家财丰富。清朝藏泉大家戴熙在《古

◆ “丰货”

泉丛话》中讲述这么一个故事："张叔未来阅金石，戴送他一块封泥，第二天张以一枚丰货钱作为答礼，并写了感谢信说：'封演撰的钱谱认为富钱，得了此钱会致富，我将来家资巨万，都是先生所赐，真是感激不尽。'听见的人都认为是笑谈。"

丰货钱蕴含着丰富的历史典故，而其货币名称本身就是吉利语，且该钱存世不多，据说在清朝道光、咸丰年间，丰货钱已价值不菲，非二三十两银子不售。其实，丰货钱还有篆、隶者之分，隶书者比篆书者少，而隶书大者则更稀少，价格更贵了。丰货钱今天仍为古钱收藏家和钱币爱好者所重视、钟爱，都以争先享有为快。

丰货钱径 24 毫米 ~25 毫米，重 2.1 克 ~2.8 克。

丰货有两种，一种面背肉好皆有周郭，钱文笔画稍浅细；一种面无内郭，钱文笔画肥壮。

有的"禮""貨"上部省作四竖。该钱铸工粗糙，常有错范流铜。

1983 年在西安阿房村一次出土百余枚。

成汉汉兴钱

东晋成帝咸康四年（公元 338 年），蜀地李寿改大成国为汉，改元汉兴，在汉兴元年（公元 338 年）铸造"汉兴"钱。

◆ "竖汉兴"

李寿是西晋末年起义军首领李特的侄子，于东晋咸康四年（公元 338 年）在成都称帝，改国号为汉，汉兴线按钱文排列的方式可分为两种：一种是上下排列，俗称“竖汉兴”或“直汉兴”；另一种是左右排列，俗称“横汉兴”。该钱薄小，钱径 16.3 毫米 ~17 毫米，重 0.7 克 ~1.1 克。是中国最早的“年号钱”，有的钱背有阴刻文“王”字等。

夏大夏真兴钱

十六国时期大夏赫连勃勃于真兴元年（公元 419 年）铸。旋读，重郭，广穿。是最早集年号、国号于一身的钱币，稀少。东晋时匈奴贵族赫连勃勃于公元 407 年在陕西立国称“夏”，公元 419 年占长安后建元“真兴”。“大夏真兴”钱或铸于此时，形制有莽钱遗风，内外郭精好，钱径 23 毫米，重约 2.8 克。钱文真书而见隶韵，“大”字从“太”。面文隶文，“大夏”为国号，“真兴”为年号，历史上国号年号合璧，此为首例。

十六国钱币数量少，而且种类繁杂，多见有轻薄质劣的“小钱”，综合十六国钱币特点：一是钱文书法由篆书向隶书转变；二是钱文突破以往以重量（铢两）为名的习惯，出现年号钱、国号钱，以及国号、年号集于一身的钱币。

◆ “大（太）夏真兴”因铸造精美，存世量极少

◆ “四铢”

南北朝钱币

南北朝时期南北分裂，钱币也各有特色。

南朝钱币

南朝经济相对来说比较发达，钱币铸造量增加，使用范围也比较大。

宋钱币

初期经济恢复，但市场上流通的钱币严重不足，于是在文帝元嘉七年（公元430年）铸造“四铢”钱，重如其文，钱文篆书“四铢”，顺读，较五铢钱减重1/5。这实际上是适应当时社会经济发展的需要而铸造的钱币，因为自东汉以来市场上流通的五铢的重量多不足值，这次改革是一次有益的改革，收效良好。四铢钱径23毫米，小者重1.8克~2.2克，大者重2.7克~3.5克。有的面背均有星，或钱背上下有星点纹。随着经济的发展，钱币的需求量逐渐增大，钱币量明显不足，因此民间盗铸蜂起，剪凿古钱也是其中的手段之一。

元嘉二十四年（公元 447 年），刘义恭建议“以大钱当两”，即以旧五铢 1 枚当新四铢 2 枚，也有人认为是以新铸五铢 1 枚当旧五铢 2 枚，但在存世五铢中尚未区分出来。

“孝建四铢”，孝武帝孝建元年（公元 454 年）铸，面文“孝建”，背文“四铢”，均顺读。钱文采用十分秀美的韭叶篆，但周郭纤弱，钱形薄小，钱径 21 毫米，重 2.8 克。面背有阴阳文，星纹。民间盗铸较多，并杂以铅锡，背文“四铢”干脆省掉，只留有“孝建”二字，重量比孝建四铢更小，有的仅 1 克。

“大明四铢”铸造于大明年间（公元 457—464 年），面文“大明”，背文“四铢”。韭叶篆，顺读。

因为四铢、孝建四铢到大明四铢不断减重，所以就有人提出铸二铢小钱的建议。前废帝永光年间（公元 465 年），民间盗铸严重已呈无法遏制之势，政府干脆让百姓自供铜料，在官方的钱署铸造二铢“永光”小钱，“由是钱货乱改，一千钱长不盈三寸，大小称此，谓之鹅眼钱。劣于此者，谓之綖环钱。入水不沉，随手破碎，市井不复断数。十万钱不盈一掬，斗米一万，商货不行。”

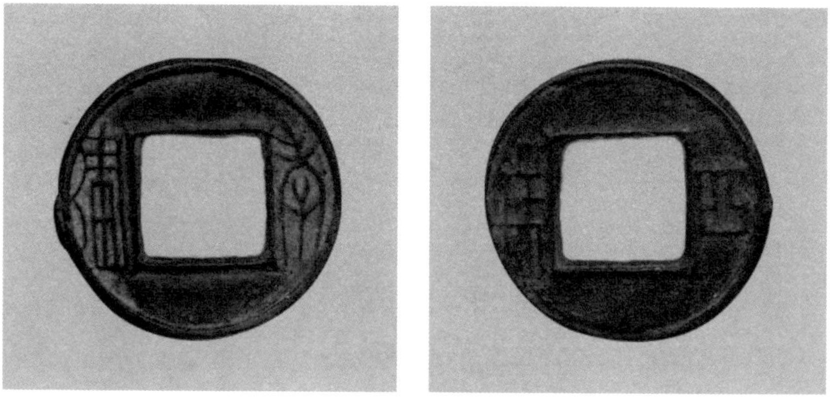

◆ “孝建四铢”

◆ “永光”

永光小钱钱径 17 毫米 ~19 毫米，重 0.9 克 ~1.05 克，周郭纤弱，铸工粗劣，钱文仍为顺读韭叶篆。数月后改元景和，又铸“景和”二铢小钱。民间私铸者更小，甚至没有轮郭。“永光”“景和”钱薄小不易保存，由于发行时间短，所以极为罕见，属大珍系列。还有“两铢”小钱，也比较少见。

刘宋末年，明帝为了整顿币制禁用二铢小钱，同时也禁止私铸，泰始二年（公元 466 年）禁用新钱，专用古钱。

齐钱币

齐钱币铸钱见于记载者仅一次。齐武帝永明八年（公元 490 年）在四川汉邓通铸钱旧址曾铸钱“千余万”，不能确定为何钱，可能是面文“五铢”的钱币。

梁钱币

“天监五铢”又称“梁五铢”，铸造于武帝天监元年（公元 502 年）肉好有周郭，重如其文，铸工精整。钱径 25 毫米，重约 3.3 克。又另铸五铢，其钱除去内外郭，文字不全，钱径 19 毫米 ~21 毫米，

◆ “天监五铢”

◆ “公式女钱”

重 1.4 克 ~1.6 克，此种钱被称为“女钱”或“公式女钱”，即“细钱”，因为极其薄小，民间有“佩之可生女”的说法。根据出土的“女钱”钱范来推断，天监五铢和女钱间有大小相权的关系。但是由于天监与女钱并行，因此较重的天监五铢逐渐被排挤出流通领域。民间仍用定平一百、太平百钱、丰货等旧钱，仍然屡禁不止。

梁武帝普通四年（公元 523 年），为大兴佛教，尽毁铜钱铸造佛像，铸造五铢铁钱，从而导致私铸泛滥，货币贬值，物价飞涨，出现了卖一狗得 20 万钱、米一斗 80 万钱的局面，“铁钱遂如丘山”。梁五铢铁钱背常有四出，较小，中间厚边缘薄。

◆ 梁五铢

梁元帝时期，恢复了铸造铜钱，铸“二柱钱”或“二柱五铢”，在钱面穿上下有二星点，一当十枚普通五铢。梁敬帝太平二年（公元557年）铸“四柱五铢”，钱径23毫米，重2.3克，色发暗，钱文“五铢”，钱面上下和钱背左右共铸4个星点，一当普通五铢二十，后改为当十。这两种钱都是虚值钱币，实际流通中只能当1枚五铢。

陈钱币

南朝陈初，已不用铁钱，市场上流通的主要为私铸二铢小钱及二柱五铢、四柱五铢等，或以谷帛交易。为了整顿混乱的货币制度，文帝天嘉三年（公元562年）铸五铢钱，即“天嘉五铢”或“陈五铢”。“铢”字的“金”旁小于“朱”，“朱”字上方下圆。面背均有内外周郭，外郭较宽；钱径23毫米，重3.3克，铸工精整，一当鹅眼钱十。

宣帝太建十一年（公元579年）铸“太货六铢”钱，顺读，钱文、铜质、铸工均佳。钱径24毫米~25毫米，重3克。与五铢并行，一当五铢十，后减为当一钱，二品并行。百姓不满，说其“六”为“叉腰哭天子”。

◆ “太货六铢”

北朝钱币

北朝政权也铸造过钱币，总体质量比南朝好。

北魏钱币

北魏孝文帝推行汉化政策，继位后结束了游牧民族经济落后的局面，于太和十九年（公元 495 年）才铸“太和五铢”，《魏书 · 食货志》中记载，“太和五铢”允许民间私铸，但必须用精铜。现在所见的“太和五铢”，厚重者略如汉五铢，文字铸工略差，大小轻重不等，但书法精美。“大”字有“[illegible]”“[illegible]”两种不同写法，前者有隶书风格，后者篆书。一般钱径 25 毫米，重 3.4 克。当时，为了适应经济的发展推行太和五铢，规定太和五铢为全国通用货币。

“永平五铢”铸于宣武帝永平三年（公元 510 年），由于实物尚未发现，关于此钱的铸造情况还存在争议。孝庄帝永安二年（公元 529 年）改铸“永安五铢”，永安五铢“安”字的上画借用穿下缘。

◆ “永安五铢”背“吉”

◆ “永安五铢”普品

永安五铢以素背居多，有背四出或有“土”字者。有土字者称为“大吉铢”，因土与穿所造成形状如“吉”而得名，永安五铢钱径 21 毫米 ~25 毫米，重 2.7 克 ~3.9 克；小者钱径 17 毫米，重 2 克。

西魏钱币

东西魏仍然承用“永安五铢”，孝静帝武定元年（公元 543 年），新铸永安五铢，此时私铸兴盛，名目繁多，至有梁州“生厚”“紧钱”“吉钱”，雍州“青赤”，河阳“生涩”“天柱”“赤牵”等。

西魏初，永安五铢仍然是市场流通的主要货币，大统六年（公元 540 年）新铸“大统五铢”，又称“置样五铢”，“大统五铢”仿永安五铢，但是已经去掉了“永安”二字，左侧“金”旁的三角形右倾，“朱”字上下方折。“五”字交笔直，上下横画与郭相连，右侧靠穿处有一直画，钱径 25 毫米。

◆ “大统五铢”

北齐钱币

北齐文宣帝高洋在天保四年（公元553年）铸“常平五铢”，此钱取名“常平五铢”，原来是借用了当时囤积粮食的仓库“常平仓”之名。高洋为自己铸造的钱币取“常平”为名即希望和常平仓一样有调节市场之意。该钱为青铜质，直径均在24毫米~25毫米，重量3.5克~4.2克。因币值高，后期私铸严重，出现赤熟、青熟、细眉等名目；至齐晚期并杂有铅锡薄钱。传世尚见一种背四决文小钱，另有厌胜钱数种。

“常平五铢”的设计和铸造都极为考究，是中国钱币历史上最精美的几种钱币之一。由于采用的技术是铜母范叠铸技术，所以文字流畅优美、版式划一，铸造非常精良，玉箸体钱文构架匀称、笔画圆润。“平”字上横与面穿下郭合一，又因此钱名为“常平”，有“平安常在”之意，很多收藏爱好者取其吉祥寓意，常常携带在身边作为护身符使用。

◆“常平五铢”普品

北周钱币

初期沿用北魏、西魏五铢。武帝保定元年（公元 561 年）铸“布泉”，一当五铢五，与五铢并行，书体为玉箸篆，顺读，布泉铸工精致，内外郭齐整；“布泉”二字作玉筋篆横书穿孔两侧，古朴端庄。“泉”字中竖不断，一线贯底，是与新莽“布泉”除篆法不同的又一显著区别。钱径 25 毫米，重 4.3 克；肉实铜好，系北周三大美泉之一。后因其价值降低而人不用，被废弃。

武帝建德三年（公元 574 年）更铸“五行大布”，以一当十，与布泉、五铢并行。面文“五行大布”玉箸篆，钱文及制作均极为精美，为著名的“北周三品”之一。北周铸“五行大布”钱，与当时的文化、经济、政治斗争有着直接的关系。当时佛教势力控制的和尚有三百万之多，这使得国家的土地和户口受到威胁，赋税得不到保证。加上当时的战事、蝗灾、旱灾等因素，最后罢佛、道两教势力，但对道教不敌视，

◆ “布泉”美品

◆ “五行大布”

铸行“五行大布”钱。“五行大布”顺读，钱文玉箸篆，面背肉好周郭。钱大小不一，一般钱径 26 毫米，重 4.2 克；小者钱径 21 毫米，重 2 克，也有钱径大至 28.5 毫米者。

北周静帝宇文阐，大象元年（公元 579 年）始铸“永通万国”，一当五行大布十，与五行大布及五铢三品并行。铸工精美，钱文玉箸篆，顺读。面文“永通万国”，玉箸篆，“永通”意为永远通行，“万国”示天下万国可用。形体厚重，字体深峻，钱文和铸工均臻妙境，为“北周三品”之首。当时以一枚兑换折一钱五万枚，此钱堪称虚值大钱之首，所以民不乐用，流通时间很短，并与五行大布并行。一般钱径 29 毫米 ~31 毫米，重 4.4 克 ~6.4 克。私铸者较小。有阔缘、合背者，还有铅钱。后又多被销毁，存世不多。

北周的上述三种钱币以其书法优美、铸工精整、数量稀少而为后人珍视，称之为“六朝三泉”。

除上述介绍的几种钱币之外，还有魏晋南北朝时期铸造于龟兹地区的钱币，称“龟汉二体钱”“龟汉二体五铢”，穿上下为龟兹文，穿左右为“五铢”二字，背素。龟兹文“ʒ”意为“五十”，“○”至今不能通译，或面文龟兹文，背文篆书“五铢”二字。“龟汉二体钱”钱径 13 毫米 ~18 毫米，重 0.9 克 ~1.8 克，红铜质，狭缘广穿，钱体薄小，铸工锉磨不精，新疆是其主要出土地。

中国货币发展到南北朝时期，钱文年号钱增多，有的将纪年和纪值表现在同一枚钱币上，“北周三泉”的出现具有非常大的历史意义，其已经在逐渐放弃自汉五铢以来的记重含义，钱文开始向表达流通之意上发展。

此段时期，以“六朝三泉”为例，虚币的面值大，减重严重，货币流通混乱，通货膨胀时有发生。所以除铜钱外，还有铅锡钱、铁钱、金银钱与谷帛实物并行。

◆ 北周三泉之一“永通万国”

北朝钱币与南朝相比，较为稳定，南朝除晚期的陈五铢、太货六铢等铸工较好外，其余多为轻薄小钱甚或铁钱，保存不易，永光、景和等二铢小钱甚至因此成为珍品。而北朝的永安五铢、置样五铢、常平五铢等质量好且为足值钱，存世多。

此时的钱文出现韭叶篆、玉箸篆等不同风格。另外，钱币外郭有从窄向宽发展的趋势，但也有反复，如"六朝三泉"的外郭就明显窄于永安五铢。

◆ 北周三泉之一"五行大布"

◆ 北国三泉之一"大布泉"

第四章

第四章

隋唐五代十国钱币

随着商品经济的发展，唐代的货币出现了值得注意的变化，自隋朝以铢两重量命名的货币退出了历史舞台，取而代之的是通宝、元宝、重宝的“宝”字钱通行于市。五代十国暂时性地混乱，打破了钱币发展的道路

隋朝钱币

隋朝统一全国，结束了自西晋末年以来长期的分裂局面。隋文帝杨坚登基之后，就开始整顿币制，颁布法令，一方面废止旧朝的钱币，另一方面严令禁止私铸钱币。经历了五年的币制改革，到开皇五年（公元 585 年）才统一币制，专用五铢钱一种，统称隋五铢。统一的隋五铢钱币的铸造和流通，结束了自魏晋南北朝以来货币流通的长期混乱局面，并使衰退的商品货币经济有所恢复和发展，为唐代最终确立我国古代货币制度奠定了基础。

隋五铢

隋初，文帝鉴于货币经济混乱，天下钱币轻重不一，难以流通，遂于开皇元年九月（公元 581 年）铸造新钱。“文曰‘五铢’而重如其文”（《隋书·食货志》），余钱禁行。隋五铢钱大小不一，钱文峻深，钱文“五铢”二字篆书，笔画精整，边缘较宽，面无好郭，“五”字上下左端有竖纹，钱背肉好均有郭。“五”字交笔有圆曲与斜直两种，面背肉好皆有较宽周郭，大者钱径 25 毫米，重 3.4 克 ~4 克；小者钱径 21 毫米 ~23 毫米，重 2.25 克。“朱”头多呈方折。外郭甚阔，面无穿郭，“五”字交笔直，近穿处有一道竖画。按《隋书·食货志》记载，则为每千文重四斤二两，合每枚 3.2 克。初期隋五铢基本为青铜质，体大厚重，被称为“开皇五铢”；后炀帝在扬州开炉鼓铸夹锡五铢，铜色发白，世称“白钱”。另有铁钱。隋五铢是我国“铢两钱制”的终结。

隋初私铸盛行，开皇三年（公元 583 年），政府下令禁止使用旧钱，甚至在关外到内地的关卡中检查来者，如果其钱与样不同随即没收。但值得一提的是，隋初仍沿用北周、北齐旧钱，如五行大布、永通万国、永通五铢、长平五铢等。《隋书·食货志》记载，开皇四年（公元 584 年）下令禁止使用旧钱，“诏仍依旧不禁者，县令夺半年禄”。这种高压政策施行两年后，隋才逐渐统一了五铢钱制，货币经济也得到恢复。开皇十年（公元 590 年），晋王杨广于扬州铸钱，私铸之风随之

◆ “隋五铢”早期大样（直径约 24.8 毫米）

◆ 隋初仍沿用的钱币

盛行。开皇十八年（公元 598 年），诏诸王在益州（今四川成都）、鄂州（今湖北武昌）、并州（今山西太原）铸钱。私铸导致钱币日渐恶劣，不得已，政府又下令回收私铸恶钱，几年内取得了一定的成效。

隋炀帝为隋文帝杨坚、独孤皇后的次子，开皇元年（公元 581 年）立为晋王，开皇二十年（公元 600 年）十一月立为太子，仁寿四年（公元 604 年）七月继位。他好大喜功，穷奢极欲，游幸无度，终至财政枯竭，政令松弛，经济上的衰落使得恶钱私铸更盛，开始时一千钱之重量还有二斤，旋即则重一斤，此重量只有开皇元年（公元 581 年）千钱的 1/4。如此导致剪铁鍱、裁皮、糊纸为钱的现象出现。

◆ "开元通宝"

唐朝钱币

唐朝货币制度在中国历史上有其特殊的历史地位，从汉武帝元狩五年（公元前 118 年）至隋，在历经两汉、魏晋南北朝的 739 年中，五铢钱都被认为是标准铸币，我们称之为"五铢钱制"阶段。唐高祖李渊在武德四年（公元 621 年）废五铢钱，铸行"开元通宝"，此间也铸造过其他钱文的钱币，但都行用不久，开元通宝成为主要的流通货币。开元通宝历时 1300 多年，它的铸行开创了"通宝钱制"，对中国封建社会货币经济影响很大。

开元通宝

根据《新唐书·食货志》记载，唐初仍沿用隋五铢、綖环钱等恶钱，积八九万文才满半斛。高祖武德四年（公元 621 年）废除五铢，在北周三泉的基础上，铸行"开元通宝"，开元通宝钱文顺读，其意为开国（开辟新纪元）通行宝货。也有人旋读为"开通元宝"，意为流通的大宝。《新唐书·食货志》载"武德四年，铸开元通宝"。

《旧唐书·食货志》中记载："开元钱之文，给事中欧阳询制词及书……其词先上后下次右后左读之；自上及左回环读之，其义亦通，流俗谓之'开通元宝'钱。"可见"开元通宝"是正式称谓，"开通元宝"是俗称。开元通宝钱在我国钱币史上具有划时代的地位，这表现在：唐代以前的钱币多以形制或重量为名称，如五铢钱、刀币、布币等，而自开元钱后，改称"宝""通宝""元宝"等。

我国古代的重量计数，多以面文标出重量，均以二十四铢为一两，而自从开元通宝流通以后，结束了二十四进位的铢两制，中国衡制中的一两十钱便由此产生。钱币的实际重量也不再以锱、铢计量，而以两、钱、分、厘十进位法计量。

开元通宝钱，径约 24 毫米，重约 4 克为一钱，每十文重一两，一千文重六斤四两。启用这种新衡制，换算便利，适合商品经济发展的需要。

在钱币铸造的形制和重量上，开元钱成为唐代以后各代铜钱的标准。

◆ "开元通宝"背穿下月

唐朝初年在并（今山西太原）、幽（今北京市）、洛（今河南洛阳）、益（今四川成都）诸州置监铸钱，次年又于桂州（今广西桂林）铸钱。行用钱为欧阳询所书“八分篆隶”书体，经钱监严密督造的一种优质开元钱。主要特征是：面、背肉好郭整，钱文深峻清晰，铜质纯净，铸造精良。极其精美，也是在史书中首次明确记载钱文的书者姓名。早期开元郭精细峻深，文字精美，钱径 24~25 毫米，穿径 7 毫米，郭宽 2 毫米，重约 4.5 克。四字含八分及隶体，笔画端庄沉稳，“开”字间架匀称，疏密有致；“元”字首画为一短横，第二笔左挑，背最初无文，“通”字的“辶”前三笔各不相连，呈三撇状，“甬”部上笔开口较大；“宝”字着笔庄重，其“贝”部内为两短横，不与左右两竖笔连接。中期“元”“通”“宝”三字不甚匀称，“元”字左、右挑或双挑，“宝”字较小，背多月纹（月纹相传出自杨贵妃或文德皇后，其实早在东汉灵帝时已经出现），间有星、星月纹。后期开元边郭较宽，铸造草率，大小不一，常有错范。

◆ “会昌开元”背地名

◆ “会昌开元”背地名

开元通宝铸行不久，高宗和武则天接连对外用兵，民财的大肆搜刮使得私铸蜂起，恶钱问题逐渐涌现出来，这就是所谓的困扰了盛唐几十年的铸币减重问题。江淮以南地区是恶钱的主要出土地点，质恶劣轻钱统称为“恶钱”，另有熟铜、鹅眼、排斗等多种名称。

高宗显庆五年（公元 660 年），为了打击私铸，整顿经济，政府下令收买恶钱，其收买比例为 5 ：1，也就是每 5 枚恶钱兑换一枚新钱，但恶钱造价太低，民间反而收藏起来备用。公元 679 年，又下令以糙米和粟回收恶钱，但总是越收越多。据《新唐书·食货志》记载，“钱非穿穴及铁、锡、铜液，皆得用之”。由此可见，最后唐政府在对于恶钱的管制上以失败告终。

武宗会昌五年（公元 845 年），“毁佛”，废天下佛寺 4600 余所，销毁铜像法器为铜料，令各道自铸“开元通宝”，一般称“会昌开元”，表示为会昌年间铸造，这也是背文纪年的开始。大小径寸如开元通宝，背铸一州名，如京师铸“京”字、扬州铸“昌”字。各地铸钱工艺存在明显的差别，多数周郭偏斜，铸文模糊。时过一年，会昌开元停铸。

会昌开元主要背文为："昌"（淮南扬州）、"京"（京兆府）、"洛"（洛阳）、"鄂"（鄂州）、"兖"（兖州）、"润"（浙西）、"丹"（丹州）、"兴"（兴元府）、"益"（西川）、"梓"（东川）均在穿上，"襄"（襄州）、"福"（福州）、"梁"（梁州）在穿上或穿右，"平"（平州）在穿上下，"荆"（江陵）、"广"（广州）、"桂"（桂阳）、"蓝"（蓝田）在穿右，"潭"（湖南）、"宣"（宣州）在穿左，"越""永"（永平）在穿下，"洪"（江西）在穿四周。"永"字开元非常罕见，"清""蜀""西"为伪品。会昌开元的铸行使钱币量大增，但不久宣宗继位，又以铜钱熔铸佛像，致使通货一直短缺。

2001 年，杭州雷峰塔地宫出土"会昌开元"43 枚，钱径 22 毫米 ~24 毫米，背文有"京""洛""鄂""兖""润""丹""兴""福""梁""平""荆""广""桂""蓝""潭""宣"等。钱币界一般将会昌开元视为晚唐开元的典型标本。

开元通宝还有金开元、白铜开元、花孔开元、银开元、鎏金开元、开元大钱等。

唐朝最主要的流通钱币就是开元通宝，在对外贸易中，也是当时国际通用的货币，唐以后继续流通了 700 年，直到明朝末年才被废止。在现存古钱中，其数量也仅次于宋钱。

◆ “乾封泉宝”

乾封泉宝、乾元重宝

高宗乾封元年(公元666年)铸“乾封泉宝”,《新唐书·食货志》载,此钱“径寸,重二铢六分,以一当旧钱之十”。乾封泉宝钱文隶书,旋读,将年号与通宝之意结合在一起,是唐代第一枚年号钱。此钱铸制精美,字口深峻,钱身硬绿锈,径25毫米,穿宽7毫米,厚1.4毫米,重4.4克。实为虚币,铸时仅8个月。唐朝政府速将其回笼销熔改铸开元通宝,由于折当悬殊,故民间私藏旧钱,以致商货不行。一年后罢废回收新钱,规定天下俱铸开元通宝。

《新唐书·食货志》中记载,肃宗乾元元年(公元758年)铸造“乾元重宝”,以一当十,又称“乾元当十钱”,与开元

◆ “乾元重宝”美品

◆ “乾元重宝”背祥云

通宝两品并行。径 27 毫米，重 5.97 克，钱文隶书，顺读，书法精妙，有光背及背下俯月、朱雀、穿上或穿下祥云或星文的。政府于乾元二年（公元 759 年）铸行乾元重宝重轮钱，钱背面外郭双层，故叫“重轮钱”，钱文隶书顺读，此为“重宝”形式的首次出现，一当开元通宝五十，与乾元重宝、开元通宝三品并行。这两种“重宝”在发行中不断减值，乾元重宝重轮钱流通至第二年，乾元三年（上元元年，公元 760 年），只好在陕西京畿一带抬高开元通宝的价值至以一当十，减重轮乾元重宝为一当三十，实际上重轮乾元重宝的价值相当于三枚开元通宝。

安史之乱后，于宝应元年（公元 762 年）改变折当比例，乾元重宝以一当三，重轮乾元重宝小钱一当二，重轮乾元重宝大钱一当三，这实际上已接近其实际价值，最后“大小钱皆当一”。因此大钱被销毁而退出流通，市场上开始正常使用开元通宝。该钱轻重、大小不一，一般钱径 35 毫米，重 11.94 克 ~12.3 克，私铸者很小。有的背有穿下俯月、朱雀（瑞雀），穿上或穿下祥云、星点者，背“十”字者少见，还有一种背穿上有“洪”字者，当为洪州（今江西南昌）所铸。另一方面，在货币不断减值的情况下，物价却不断抬高，一斗米涨至七千文，以至于饿死的人相枕于道。到肃宗死后代宗继位时，便下令停铸大钱，独行开元通宝小钱。

得壹元宝、顺天元宝

唐天宝年间（公元 742—756 年），大唐帝国到达鼎盛时期，但盛世下隐藏着危机，天宝十四年（公元 755 年）十一月，安禄山、史思明起兵反唐。这就是唐朝历史上著名的“安史之乱”。乾元二年（公元 759 年），史思明在范阳称“大燕皇帝”，上元元年（公元 760 年）六月，铸“得壹”钱。

得壹元宝制作工整，其背面一般都有月纹。钱径约 35 毫米，重 12.5 克左右。其中，穿上、下、左、右皆铸有月纹之币，尤为鲜见。据说，星月纹寓意“进步”和“成功”。

得壹元宝传世不多，早有“顺天易得，得壹难求”之说，因而得壹元宝素为泉界珍视。清代一本叫《古泉丛话》的书中讲了一个故事：一个典当者将一枚得壹元宝典当给一个山西人，山西人爱不释手，给典当者“钱三万”。山西人说，这是自己故意抬高了它的身价，给了三万，这样典当者就别想再来赎回它；典当者却说，自己是故意贬低它的价值，只当了三万，正是为了以后能赎回它。可见此钱的稀罕程度。

◆ “得壹元宝”背月

◆ “顺天元宝”中字背上细月

史思明攻占洛阳，因军事上不顺利，到处被唐军围追堵截，便迷信于“得壹”钱是不祥之兆。后以为“得壹”不吉，改铸“顺天元宝”，仍为隶书旋读，钱径36毫米，重18克，也为当百大钱，背有星、月纹;大型者钱径39毫米，重21.5克。

唐朝其他钱币

“咸通玄宝”为唐朝唐懿宗咸通十一年（公元870年）桂阳监铸，直径22毫米，钱文四字隶书而含魏碑风骨，顺读，章法匀称有力，因铸而未行，寻即废止，极珍罕，为唐钱第一珍，也是中国古钱五十名珍之一。

唐还有“大历元宝”，唐朝唐代宗李豫大历年间（公元766—779年）西北地区地方铸币，中原比较少见，面文旋读，制作粗陋，铜色昏浊，直径为22毫米，重约3克，隶书“大历元宝”，书体朴

◆ “建中通宝”

◆ “高昌吉利”

实有力，有大小两种样式。如今存世量已较少，古泉珍品。

“建中通宝”钱径 21 毫米，重 1.9 克 ~2.0 克。《代宗实录》和《新唐书·食货志》虽分别提到在大历四年（公元 769 年）和建中元年（公元 780 年）铸造钱币，但未说铸造过大历通宝和建中通宝。另外，还有“高昌吉利”，为唐代高昌国钱。

五代十国钱币

五代十国仅50余年，是中国历史上又一次短暂的大分裂期，这段时期货币普遍的区域性贬值，钱制十分混乱复杂，而且缺乏史料记载。

五代钱币

梁钱币

梁多用开元通宝，很少铸钱。传世的“开平元宝”“开平通宝”大铜钱各1枚，按其性质大小可以判断为前者当十，后者当五，均旋读，可能为后梁开平年间（公元907—911年）所铸，由于数量极少，所以真伪难辨。2005年在宁夏吴忠出土的开平元宝，重20克，钱径42毫米。这两种可能属于后梁的钱币，不见于文献记载，少而极珍。还有少量“开平元宝”小平铅钱。

唐钱币

唐沿用开元通宝，很少自铸。有隶书小平钱“天成元宝”，元字右挑，钱径22毫米~25毫米。该钱币也不见于文献记载，极珍贵。经推断可能为后唐天成年间（公元926—930年）铸造。1982年，成都市新都县窖藏出土天成元宝1枚，钱径25毫米，重5克。除此之外还有当五型顺读“清泰元宝”，可能也属于后唐。

晋钱币

天福三年（公元938年），石敬瑭铸造“天福元宝”，钱径22毫米，重1.7克，旋读，此钱允许民间私铸。所以现存者文字模糊，钱体薄小。《新五代史·晋本纪》中记载，天福二年（公元937年）曾铸“助国钱”，今见有“助国元宝”及“牡（壮）国元宝”，两种钱风格相似，也有人认为以上两品是辽钱。

◆ “天成元宝”

◆ “天福元宝”

◆ “汉元通宝”

汉钱币

五代后汉隐帝，刘承祐于乾祐元年（公元 948—950 年）在京置钱监铸钱（《续通典·食货》）。其钱应为“汉元通宝”，制作精良，边郭完好，钱文四字隶书顺读，形制面文制式均仿造“开元通宝”，又有人旋读为“汉通元宝”。实测钱径 23 毫米 ~25 毫米，重 3.4 克。钱背多有星、月纹。现今存世数量已不多。

周钱币

世宗显德二年（公元 955 年），毁佛寺 3000 余所，以铜像法器仿唐开元钱铸“周元通宝”，数量多且铸工精整，文字秀美。背多月、星月纹，隶书钱文深峻，宽缘细部，铸造工整精湛，背之四周多有星月纹饰，也有背铸龙凤者，多系后世所铸吉祥钱，还有合背钱。有人旋读为“周通元宝”。钱径 24 毫米 ~25 毫米，大型者达到 25.8 毫米，小型者只有 22.6 毫米；重量一般 3 克 ~4 克，最重者 4.6 克，轻者只有 2.9 克。

周元通宝铸造用铜大部分系毁佛像所铸，迷信的人称此钱是有灵之物，可治病兼治难产，造成周元钱身价猛增，后世仿铸也多，某些小型或铸造粗劣之钱，有私铸之嫌。

十国钱币

旧钱是十国通用的钱币，也有自铸。荆南、吴越、北汉、吴至今没有记载和实物来证明铸过钱币。十国钱币钱文错综复杂，种类繁多，大钱盛行，多为铅铁质。

南唐钱币

“大齐通宝”为徐知诰（即李昪）未建国时（公元937年）铸造，隶书顺读，传世仅2枚，是南唐开国皇帝李昪铸造的第一种南唐钱币。它之所以称“大齐通宝”，是因为吴国皇帝让位给他前，已封他为齐王。所以他登皇帝位时，便改国号为“大齐”。过去以为是黄巢钱币，不确。

“大齐”时间短，铸量又少而精，流传至今已屈指可数，故格外珍贵难得。现存世仅2枚。一枚的右上方缺一角，钱币界称之为“缺角大齐”；另一枚的钱上钻有4个小孔，被称为“四眼大齐”。“缺角大齐”由清朝的江南名士戴熙所藏，时人欲高价购之，戴不忍，太平军攻进杭州，戴投水自尽，传死前将大齐通宝等物深埋地下。后人为了得到这枚稀世真品，争相购买其宅，掘地数次无果。“四眼大齐”虽然不缺角，但因为作毽子，被钻出四个小孔。后被著名收藏家张叔驯从泉学

◆ “周元通宝”

家戴葆庭手中重金购得，藏之密室，从不示人，且因而自号“齐斋”，其对“大齐通宝”的珍爱可见一斑。大齐通宝唯其罕见，弥足珍贵，是中国古钱“五十名珍”之一。

李璟保大年间（公元 943—957 年）铸造“保大元宝”，古泉五十名珍之一。罕见而极珍贵，楷书旋读，背穿上有“天”字者字文雄健深峻，形制深厚朴拙，与楚钱风范极类，应为马希萼奉南唐为正朔时所铸，故面文用南唐年号，背文则保留了楚铸旧制。这两种钱均不见于史书记载。

《新五代史·南唐世家》记载，李璟交泰元年（公元 958 年）铸“永通泉货”，当十大钱，也罕见。顺读，有篆、隶两体。文字精良，分为隶书、篆书两种。隶书钱又有阔缘、窄缘之分与精字、细字之分。永通泉货铸期只有大约半年时间，故铸造量不大，故存世量更少。另还有铁钱存世，相传为南唐重臣韩熙载所监铸。

南唐铸造最多的是“开元通宝”“唐国通宝”“大唐通宝”，此三泉具体铸造年代不详，但可以肯定的是，唐国通宝、大唐通宝铸于永通泉货之后。

◆ “保大元宝”

◆ “永通泉货”

◆ “唐国通宝”篆书

◆ “唐国通宝”楷书书

◆ 大唐通宝

元宗（李璟）交泰二年（公元 959 年）铸唐国通宝，钱文有篆、隶、楷三体，篆书者钱径 25 毫米，重 4.2 克；大型者钱径 30 毫米，重 7.25 克。楷书与篆书成对，是中国最早的对钱。隶书者钱径 34 毫米，重 3 克，背穿上有星纹。有当十型篆文大钱。

保大后期铸开元通宝，南唐开元与唐开元相比文字较小，外郭很宽，篆隶成对，钱径 24 毫米 ~26 毫米，重 3 克 ~3.5 克。大唐通宝也铸于李璟时期，根据《十国春秋·南唐史》记载，其钱文应为徐铉篆书，后按铜四铁六的比例搭配铸造，亦铸有铁钱。

楚钱币

楚国钱币铸有乾封泉宝，具体铸造时间为公元 907—930 年。《十国纪年·楚史》中记载:“马殷始铸铅钱，行于城中，城外即用铜钱……高郁请铸铁钱，围六寸，文曰‘乾封泉宝’，以一当十。”（《钱通》引）“乾封泉宝”今见铁、铜两种，与唐高宗乾封泉宝不同，楚乾封泉宝厚重且钱文草率。背文有“天”“天府”等。

现能够确认者有“天策府宝”大铜钱、大铁钱，“天策府宝”大钱，内外郭齐整，币文真书，旋读，背面无文，中国古钱“五十名珍”之一。时当后梁乾化元年（公元 911 年），马殷受梁封天策上将军，建天策府。天策府宝钱径 38 毫米，重 32 克。厚肉，钱文楷书旋读，大如当百。天策府宝铁铜钱还有鎏金实物被发现，极为罕见。根据楚风格来判断，楚国还有乾元重宝大钱。

◆ “天策府宝”铁钱

◆ “乾亨重宝”铜钱

南汉钱币

刘龑于乾亨元年（公元 917 年）铸“乾亨重宝”，今见有铜、铅两种。铜钱素背，钱径 23.5 毫米 ~25 毫米，重 3.7 克。根据记载，五代十国时期南汉刘龑的政权年号有乾亨、大有、白龙等，铸造钱币有乾亨通宝、乾亨重宝、大有元宝、白龙通宝等。

乾亨重宝铅钱大小不一，钱径多为 23.5 毫米 ~25 毫米，重 3.8 克，背穿上多有“邑”（邕）字（即今广西南宁）。还有“乾亨通宝”铜钱，隶书顺读，罕见。南汉钱币仅在其境内流通使用。其中大有元宝与白龙通宝有待考证。

闽钱币

后梁王审知为闽王时期，曾经铸造过“开元通宝”大、小钱，楷体、隶体都有，极罕见。后梁贞明二年（公元 916 年），铸造铅、铜质开元通宝小平钱，铅钱钱文模糊，钱径 23 毫米，重 2.5 克，有素背或有“福”“闽”等字。

◆ “开元通宝”（铁背“闽”）

后梁龙德二年（公元 922 年）铸大钱，有铁铅之分。其中铜钱钱文散漫草率，大铁钱钱径 40 毫米，重 28.1 克，背穿上有巨星，或穿上“闽”字穿下仰月。大铜钱钱径 40 毫米，重 22.5 克，背穿上有巨星，极为罕见。

王延羲永隆四年（公元 942 年）铸造“永隆通宝”，分铜、铁、铅三种，隶书顺读，钱径 40 毫米，重 21 克，铁钱一当铅钱百。铁、铅钱背上有“闽”字，下为仰月。铅钱罕见，铜钱实物的真伪在疑。

王延政天德二年（公元 944 年）铸“天德重宝”大铜钱，楷书顺读，钱文异常精整，背穿上有“殷”字，此为其国号。是当百钱。今见有“天德通宝”大铜钱，真伪存在争议。除此之外，史载还有“天德通宝”大铁钱及“开元通宝”背“殷”小铅钱，今见多为伪品。

◆ “天德重宝”背“殷”

前蜀钱币

“永平元宝”“通正元宝”“天汉元宝”“光天元宝”都是王建在永平、通正、天汉、光天年间（公元 911—918 年）所铸，均为小平铜钱。

◆ “光天元宝”

◆ “通正元宝”

◆ “乾德元宝”

◆ “咸康元宝”

王衍在乾德、咸康年间（公元 919—925 年）铸“乾德元宝”“咸康元宝”小平钱，乾德元宝有铁钱，史料记载有当五大钱，但是未见实物，咸康元宝属于年号钱，有的背有月纹，铸工多不精整。其中以永平元宝、通正元宝少见，其余常见。

后蜀钱币

“大蜀通宝”为孟知祥（公元 934 年）称帝时所铸，有的历史学家认为是孟昶明德年间铸。隶书，顺读。“大蜀通宝”钱径 24 毫米，重 3.5 克，位于古泉五十名珍之前，传世仅 3 枚，稀世珍宝。

“广政通宝”铜钱为孟昶广政元年（公元 938 年）铸造，十八年铸铁钱。隶书顺读，铜钱钱径 24 毫米，重 3.5 克。少见，铜钱为珍。也有铅钱。

◆ “广政通宝”

◆ “永安一千”（铁）

燕钱币

《新五代史·刘守光传》中记载：“（仁恭）令燕人用墐土为钱，悉敛铜钱凿山而藏之。”但按其形制与时间特征，定为刘仁恭所铸，有“永安一十”“永安一百”“永安五百”“永安一千”，其永安一百传世出土较多，永安五百系孤品，永安一千至今未发现铜品，其余都有铜、铁两品。永安钱系均为楷书，其中永安一十为左右上下读，剩余则为顺读。

公元911年，刘守光不顾众将臣的反对，登基称帝，国号大燕，改元应天。

桀燕建立后，应天元年（公元911年）铸“应天元宝”，背“万”；“乾圣元宝”，背“百”；“应圣元宝”，背“拾”。这三种钱均旋读，为孤品。

铁质“顺天元宝”，背穿下有“百”“千”字样，穿上有仰月纹“顺天元宝”；铁“五铢”钱文模糊；铁“货布”背文“三百”，用新莽钱形。此几品是刘仁恭或刘守光所铸还有待考证。

第五章

第五章

宋、辽、西夏、金、元钱币

宋朝钱币继承了唐开元通宝的风格，技艺精湛，书法精美，西夏为一个短暂的王朝，所使用的钱币多为宋钱，辽、金、元虽有自己铸币，但其数量极少，存世的也极为罕见。

宋朝钱币

两宋共历经18帝（北宋9帝，南宋9帝）共计320年，宋朝铸钱极多，钱币丰富，北宋每年铸钱数额超过唐代约20倍。宋钱继承唐开元通宝遗风，但在质量上不及开元通宝。宋钱制作精湛，书法艺术登峰造极，但是含铜量较低，成色亦不及唐开元通宝（宋钱含铜量为65%~68%，唐钱为83%左右）。

钱币特征

我国宋朝经济发达，所以现存宋钱数量巨大。曾经有人做过统计，在48个地方出土的55万余枚铜钱的统计，其中中国钱占99.8％，而光北宋钱就占到83.39%。两宋钱币类型繁复、数量极多，宋钱总体上一致性相当高，主要表现出在以下几个方面。

名称特征

宋朝钱币发行种类和次数非常多，所以钱文名称浩繁。但是宋钱总体上以年号钱为主，宋代第一种年号钱为太平通宝，从此年号钱正式流行，但也有非年号钱。年号加宝文是宋朝年号钱的一个特征，但宋钱中也有国号加宝文钱，这些非年号钱的出现都有其特殊原因。

◆ 北宋“圣宋元宝”

在北宋 9 帝的 35 次年号中，有 29 种年号钱和 3 种非年号钱（宋元通宝、皇宋通宝、圣宋通宝）。南宋 7 帝 20 次年号，铸 19 种年号钱及 3 种非年号钱（圣宋重宝、大宋元宝、皇宋元宝），几乎是改一次年号铸一种新钱。北宋南宋相加总计有 48 种年号钱和 6 种非年号钱。若按钱的大小来分，北宋有 86 种，南宋有 125 种。如果按照币材、钱监、年份、成色、特征、版别、纪年等来划分，不知有多少种类。比如神宗时铸的熙宁、元丰两种年号钱，单算版别就有 120 种之多。

通宝钱制是两宋钱币的主要钱文，但自宋元通宝以后，“元宝”也加入了宋钱宝文之中。庆历年间（1041—1048 年）只用“重宝”这种单一钱文。

仁宗朝无通宝只有元宝一文，钱文不用通宝是因当时的章献刘太后的父亲名刘通。明道二年（1033 年），章献刘太后去世，所以天圣、明道、景祐三种年号钱也没有通宝钱文。

◆ 北宋“崇宁重宝”

读序特征

钱文分顺读、旋读两种，宋朝钱币种类浩繁，顺读、旋读都有，但宋钱的读法有明显的时间分界线，“熙宁通宝”铁钱出现前，“通宝”为顺读，“元宝”旋读；“熙宁通宝”则改为旋读，此后“元丰通宝”“元祐通宝”“元符通宝”“崇宁通宝”均旋读，只有“元符通宝”铁钱例外。宋钱在宝文上有“国用永安崇，平正新万隆，元泉全大洪，真兴玉珍封，之重通”的排列，嘉定钱（南宋宁宗）洪宝以上 15 种旋读，真宝以下 8 种顺读，而通宝则顺、旋都有，其复杂程度无与伦比。

背文特征

北宋钱很少有背文者，有文字多为纪地。北宋钱出现背文者是在“至和重宝”上出现穿上背文“虢”“坊”等。“熙宁元宝”背文“衡”，有小平与大钱之分，“宣和通宝”瘦金体小平，背穿上“陕”字，“元祐通宝”篆、行成对小平钱，穿上有楷书背文“陕”。偶见纪值者，如“崇宁重宝”当十隶书大钱，穿上背文“十”字。

南宋钱背文繁复。“淳熙元宝”（孝宗淳熙七年，1180 年铸）开始，南宋就已经不再铸对钱，只用楷书，而在钱背标明年份，出现了纪年钱：元、柒、捌或七、八，至九年以后仅用小写，至十六年为止。据此，我国货币比欧洲纪年早了近300年。宋末，纪年改为纪地、纪监，纪地者如“绍兴通宝”折二钱，背穿上“利”（绍兴监所在地利州），“建炎通宝”，瘦金体小平，背穿上有“川”（即四川）；纪监者如“乾道元宝”小平，背穿上“同”（舒州同安监）、“松”（舒州宿松监）、“春”（蕲州蕲春监）。有的同时纪监名和年份，如“淳熙元宝”小平铁钱，背穿上“同”（同安监），穿下“柒”“捌”等。有的同时纪地名和当值，如“淳祐通宝”当二十铁钱，背穿上“庆”（可能为重庆），穿右“当二”，穿左“十文”。同时纪地名和监名，如“淳熙元宝”小平铁钱，背有“舒”（舒州）、“同”（同安监）。

钱文书法

宋钱钱文丰富。篆、隶、行、草、楷是其主要书体，出自书法家之手的书体较多，比如元丰通宝、宣和通宝等，一种钱常有两三种书体。北宋初，宋朝钱文承袭开元通宝，仍为八分（隶书），此类钱有宋元通宝、太平通宝。自“淳化元宝”开始，由宋太宗亲自书写隶、行、草三种书体的钱文，从而出现所谓“御笔钱”或“御书钱”。“淳化元宝”的行书、草书，“至道元宝”隶、行、草三体都是名人书写钱文的开端。从真宗“咸平元宝”开始，钱文中出现楷书，其后盛行，其中以徽宗的“瘦金体”最具代表性：“崇宁通宝”中的楷书及“大观通宝”从小平到当十等五种钱上的文字，是徽宗赵佶书，书法登峰造极，艺术性极高。元丰、元祐钱据传为司马光、苏东坡等名家所书，但缺乏文献记载。另外，宋钱中的“皇宋通宝”篆书“九叠篆”最为繁复。

◆ 北宋瘦金体“崇宁通宝”

宋从“天圣元宝”开始有了“对钱”，或不太恰当地称“对子钱”，对钱制作风格相同，显示出对称的美感。它有三个主要特征：一是两枚钱币钱文相同；二是使用两种书体，其中篆书必居其一，另一种书体为隶书或行书等；三是除钱文书体不同外，两枚钱币币值相同，形体对等，即钱形大小、钱身厚薄、穿孔大小、周郭阔狭、钱文位置、字体大小、铜质等各个方面都完全一致，可以成双配对。“淳化元宝”虽有隶、行、草书体的不同，但还不能算作有了对钱。北宋钱盛行对钱，南宋初期尚有“建炎”“绍兴”“淳熙”等对钱，自孝宗淳熙七年（1180 年）铸“淳熙元宝”开始，不再铸对钱，只用楷书即“宋体字”。

钱币材质

宋钱材质多样，有铁、铅、金、铜、银等，主要以铜、铁钱为主。铅钱铅母和平钱，形制粗劣，很少有精品，多为冥钱，宋朝铅钱主要运用在钱牌上，有南宋临安府“准壹拾文省”“准贰拾文省”等，还有和州、江州铅钱牌，主要作用是弥补铜钱不足和沟通城内外铜钱流通。银钱主要为圣宋、大观通宝、宣和、靖康通宝等小平银质钱，此类钱多为宫廷赏赐钱。南宋宁宗嘉定钱多铁钱，铜钱极少，还有金质钱。宋朝有“铁母”（铁钱的母钱，一般均据雕母以优铜翻铸而成，以两宋铁母为多，钱体较铸制出的铁钱稍大，形制及文字亦比铁钱精整美观，甚珍罕）及铁钱范铸的铁范铜钱，存世极少。宋代还开始使用纸币。

◆ 北宋铁质“政和重宝”

◆ “庆历重宝”折三

币值大小

小平钱在宋朝的前期是主要的钱币面值，仁宗庆历年间（1041—1048 年），铸造“庆历重宝”，自此，宋朝开始有了大钱纪值。熙宁四年（1071 年），铸造“熙宁重宝”，当十，后为当三、当二。从此，大钱的主体就以折二钱为主。南宋与北宋不同，主要以折二钱为主。两宋钱币，分大小已成常例，主要为小平、折二，以及折三、折五、当十等。

南宋还有淳祐通宝当百铜铁钱。南宋宁宗嘉定铜钱，有小平、折二、当十，铁钱有小平、折二、折三、折五等。

宋钱小平、折二稳定，折三以上大钱大小轻重不一，而且其比价也随地区和时间的不同而不同。南宋一般钱径 24 毫米，重 3.3 克。折二钱径 29 毫米 ~31 毫米，折三钱径 31 毫米 ~35 毫米，当五钱径 32 毫米 ~36 毫米，当十钱径 30 毫米 ~52 毫米，北宋小平一般钱径 25 毫米，重 3.4 克 ~3.9 克。同一等级的钱币钱径均有一定的相差幅度，但是当十钱相差最为悬殊。以地区而论，如在四川利州，铜钱一换铁钱五；在绵州，铜钱一换铁钱六；在益州，铜钱一换铁钱八，还有铜钱一换铁钱十的情况。“崇宁重宝”大钱在江南、两浙、荆湖、淮南一当三，在京畿附近、陕西、河东、河北等地一当五。以时期而论，如“庆历重宝”铜钱最初当三，新铸当十，至庆历八年（1048 年）改为当三或二。

北宋钱币种类

北宋时期，纸币已经开始流通。难以置信的是，北宋钱币数量如此巨大，但市场上铜钱仍然缺乏。这主要由三个原因造成，一是民间为了获利，常销熔铜钱以制造器具；二是社会经济发展，用钱数量大增；三是随着对外贸易的增多，铜钱大量外流。所以钱荒是唐宋时期的老问题。

宋太祖时期

“宋元通宝”为太祖建隆元年（公元 960 年）铸小平钱，根据《宋史·食货志》中的记载，应称其为“宋通元宝”。宋元通宝与开元通宝的标准一样，钱径 26 毫米，重 3.4 克。背多有星、月纹，背星、月合一者少见，“元”字左挑者罕见。阔郭，另外四川地区铸有铁钱，铁母稀少。

◆ 北宋“宋元通宝”开元范

◆ 北宋“淳化元宝”

◆ 北宋“至道元宝”

太宗时期

“太平通宝”“淳化元宝”“至道元宝”铸造于太宗太平兴国、淳化、至道年间（公元976—997年）。太平通宝，为北宋太宗太平兴国年间（公元976—984年）所铸的一种钱币，是为宋代第一种年号钱。太平兴国（公元976年12月—984年11月）是宋太宗赵光义的一个年号，共计近8年。太平通宝形制和宋元通宝相似，钱文书体真书兼八分，光背或有星月纹。小平钱出土很多，另有铁钱和铁母，版式有小平、折二、折五、折十。淳化元宝为赵光义淳化元年（公元990年）开始铸造。相传钱文为宋太宗赵光义手书，即所谓的“御书体”，分楷

◆ 北宋“太平通宝”

书、行书、草书三种书体，而楷体一种的“元宝”二字仍然属于“隶书”。旋读，光背。其中所谓“缩水淳化”较稀少，有小平铁钱及隶、行书的铁母，大铁钱系淳化二年（公元 991 年）铸于川陕地区，珍稀。至道元宝钱，其径 25 毫米，重 3.8 克，书体分真、行、草三体。该钱青铜质，钱体为熟旧的黑色氧化层，与旧钱谱记载的其钱直径和重量相符。至道元宝行书小平光背，有铜、铁两种，铁钱罕见，有行书铁母存世。淳化、至道钱少见背星者。

◆ 李顺“应感通宝”存量珍惜

李顺时期

宋太宗淳化五年（公元 994 年），李顺率兵攻克成都称大蜀王，建号“应运”，创建了政权，随之设置施政官衙，任命官吏，并果断推行了一系列创新的法规和制度，得到广大贫苦民众的支持和拥护。其铸造过“应运元宝”“应运通宝”铜、铁钱，以及“应感通宝”铜、铁钱，存世极罕。有人将其作为农民起义军政权铸钱的开始。

真宗时期

“咸平元宝”“景德元宝”“祥符元宝”“祥符通宝”“天禧通宝”铸造于真宗咸平、景德、大中祥符、天禧年间（公元998—1021年）。此几种钱小平楷书，钱径24毫米，重3.3克。咸平元宝铜钱楷书，小平铁钱，背四决或合背者极少见，四川曾发现过阔缘厚肉的大“饼钱”。景德元宝钱文中的德字省去一横，材质为红铜、白铜，另有铁钱。有小平钱，折二、折五等版式。铁氏只见折三。钱径25毫米，重4克，铁钱径35毫米，以铁钱折三少见，传世并有铁母大钱，收藏价值较高。祥符元宝其中“祥符”乃祥瑞的符命，表福寿之意，富有祥瑞满溢之气，

◆ 北宋“咸平元宝”

◆ 北宋“祥符元宝”“天禧通宝”

是名副其实的“吉祥符”。小平铜钱以背有星、星月合纹、合背者少见，也有阔缘厚肉的“饼钱”，个别当十型大铜钱极罕，还有大小铁钱及铁母大钱。祥符通宝铜钱为真宗御书，背星者少见。自古以来，“祥符元宝”就是有名的“吉祥钱”，当时很多青年男女把它作为定情的信物互相交换，直到今天，有些地区还保留有这一风俗习惯。天禧通宝铜钱楷书，以缩缘小字者较少，铁钱稍大似折二型，少见，传世有个别折二型铁母。

仁宗时期

“天圣元宝”“明道元宝”“景祐元宝”“皇宋通宝”“康定元宝”“庆历重宝”“至和元宝”“至和通宝”“至和重宝”“嘉祐元宝”“嘉祐通宝”铸造于仁宗天圣、明道、景祐、宝元、康定、庆历、皇祐、至和、嘉祐年间（1023—1063 年），其中皇祐年间没有铸钱。

◆ 北宋　天圣元宝、明道元宝、景祐元宝、皇宋通宝、至和元宝、嘉祐元宝

天圣元宝对钱，有楷书、篆书二体。铜钱为小平版式，铁钱有小平、折二版式。小平铜钱楷、篆成对，是北宋最早的对钱，钱径 25 毫米，重 3.7 克；铁钱大小不一，背有圈纹者少见，有个别折二型铁母钱。

明道元宝、景祐元宝小平钱也有对钱，钱径 24 毫米，重 3.3 克 ~ 4 克，这两种铁钱少见，大铁钱更是少见。

宝元二年（1039 年）铸“皇宋通宝”，由于宝元年间（1038—1040 年）如按照年号制钱就会有“宝元元宝”之称，有两个“宝”字不妥，故钱文定为“皇宋通宝”。皇宋通宝钱径 25 毫米，重 3.6 克，楷篆成对，“通”隶书、面四星很少，折二型的篆书、隶书钱仅各发现 1 枚，有大、小铁钱。另外存在“皇宋通宝”小平九叠篆，为珍罕之物。

康定元宝仅见少量小平铁钱，钱文，隶书，钱径 23 毫米，重 5.75 克。没有铜钱流传于世，据《宋史・食货志》记载，曾经铸造有当十铁钱，但至今未见有流传。康定元宝钱钱文以真书书写，自上而右而下而左旋读，小平铁钱。康定年号仅存 1 年，故康定元宝存世量较少，是存世量巨大的北宋钱币中存世量比较稀少的品种之一，历来为泉家所珍爱。

庆历重宝铁钱，一般钱径 30 毫米，重 6.6 克 ~7 克，楷书，“庆历重宝”大铁钱，钱文规整，铸造量颇大，存世较多。庆历五年（1045 年）铸当十铜钱，有顺读、旋读两种。还有铜制、铁质小平钱，铁

◆ 至和重宝折三背虢铁母

质稀少，比较珍贵。

至和元宝、至和通宝钱径24毫米，重3.4克，其中至和元宝的“宝”字作隶书者为“美制”，较少，“元”字左挑者更少，为小平铜篆楷成套。至和重宝为折二、折三型铜铁钱，一般铜钱钱径33毫米，重9.4克，楷书旋读或顺读，并有铁母，大钱背文“虢”“坊”“同”者极少，此为宋钱纪地之始。

嘉祐元宝、嘉祐通宝铸造量大，存世极多，为常见品。钱文楷书、篆书二体，旋读、光背。为小平对钱，制作稍逊，大小厚薄不等，配对欠佳。小平径25毫米，重3.8克，为小平对钱，传有铁钱，然未见存世。

◆ 北宋“治平元宝”“治平通宝”

英宗时期

“治平元宝”“治平通宝”铸造于英宗治平年间（1064—1067 年），有小平铜、铁钱，篆、楷成对，顺读、旋读皆有，钱径 25 毫米左右，重约 3.6 克。有背四出纹版式，且通宝、元宝成对。铜钱背四决者少见。

神宗时期

“熙宁元宝”“熙宁通宝”“熙宁重宝”“元丰通宝”“元丰重宝”为神宗熙宁、元丰年间（1068—1085 年）所铸。神宗王安石变法导致铸钱量极大，所以版别有 100 种之多。熙宁元宝小平铜钱钱径 25 毫米，重 3.6 克。篆书、楷书成对，旋读，版别很多，隶书者少见。有背“衡”纪地钱，较少，也可成对钱。小平铁钱也可成对钱。

“熙宁通宝”小平铁钱较少见，铜钱存世量数以枚计，极其稀少。铁母大钱罕见，铁钱多见且分大小。

熙宁重宝全部为折二型铜钱，钱径 30 毫米，重 7.5 克，阔缘背小星者少见。楷、隶、篆成对钱。

元丰通宝钱径 25 毫米，重 3.6 克，隶书者俗称“东坡元丰”，较少。小平铜钱篆、隶、行成对钱，背小星者较为常见，背有月纹者大约重 7.2 克 ~7.6 克，篆、行成对，背多见仰月、星纹，有的甚至背有三星，行书铁钱背有“铜”字者以及篆、行书铁母罕见。还有个别试铸的元丰重宝大铜钱，存世极罕。

◆ 北宋“熙宁元宝”

◆ 北宋“元丰通宝”

◆ 北宋“元祐通宝”

哲宗时期

“元祐通宝”“绍圣元宝”“绍圣通宝”“绍圣重宝”“元符通宝”“元符重宝”铸于哲宗元祐、绍圣、元符年间（1086—1100 年）。

元祐通宝有小平、折二铜、铁钱，篆、行成对，铜钱有与“天圣元宝”合背者，钱文篆书由司马光、苏轼手书。有小平、折二、折三铜铁钱。小平铜钱钱径 25 毫米，重 3.6 克，背“陕”对钱珍稀；折二钱径 30 毫米，重 8 克。小平、折二铁母大钱罕见。

绍圣元宝书体有篆书、行书、隶书几种。“绍圣元宝”有小平，折二，折三，折五铜、铁钱。小平广穿者较多，另背多有星、月纹，上月下星者少见，小平及折二隶书铜钱与铁母珍罕。

超大型绍圣元宝，铁质，隶书，外径 202 毫米，内径 46 毫米，厚 6.5 毫米，重 841 克。

绍圣通宝铜钱外直径 24 毫米，内直径 5 毫米，小平光背，外观甚是完整。仅见小平楷书，存世罕见，价格较高。铁钱较少，钱文楷书，字大小不一，多为顺读，背“上”铁钱少，背穿下“施”字旋读铁钱及铁母珍罕。

绍圣重宝仅见隶书折二铜钱，罕见。据华光普著《中国古钱目录》及关汉亨著《中华珍泉追踪录》记载，1981 年 9 月陕西旬邑县东关电厂金代钱币窑藏中出土 1 枚，当时为咸阳市文管会收藏并封存，直至 1986 年 8 月方组织清理，这一珍品才得以重见天日。经过二十余年发现，此品仅有 3 枚左右，价格无考。

元符通宝有篆、楷、行三种字体，又有铜、铁两种材质。字迹端丽，面文从上而右而下而左旋读，钱背光而无文。有小平、折二铜、铁钱，旋读或顺读，铜钱篆、行成对，铁钱篆、隶、行成对；形制与元祐、绍圣大致相同，而数量却较少些。小平铜钱篆书背“陕”者罕见，小平铁钱背穿上“上”“汾”者少见，铁母珍罕。楷书小平钱与折三大铁母都是稀世珍品。楷书小平钱形态工整而品格俊美。

1957 年于天津发现钱径达 45 毫米的元符通宝大钱，篆书旋读，罕见。“元符重宝”仅见隶书折二型，珍罕。

◆ 北宋“绍圣元宝”折三铁质

◆ 北宋“元符通宝”

◆ 北宋“圣宋元宝”

徽宗时期

徽宗在建中靖国元年（1101 年）铸有“圣宋元宝”“圣宋通宝”“崇宁通宝”“崇宁元宝”“崇宁重宝”“大观通宝”“政和通宝”“政和重宝”“重和通宝”“宣和元宝”“宣和通宝”等。建中靖国年号加上宝文多达 6 个字，也可能因为唐代已有建中年号，于是钱文定为“圣宋元宝”“圣宋通宝”，又发现铜质小平“建国通宝”篆、楷对钱及铜质小平“靖国元宝”隶书钱，可能属于试铸或者臆造品。圣宋元宝钱文由篆书、行书两种书体书写，字多变化，皆从上而右而下而左旋读，钱背光而无文。小平钱钱径 25 毫米，重 4 克左右。折二钱钱径约 30 毫米，重 7.8 克，平钱中佳品很多，尤为珍贵的品种是真书面文，篆书长“宝”盖。圣宋通宝有小平楷书旋读铜钱及楷书顺读铁钱、铁母；圣宋通宝背“当五”钱，小者篆、行成对旋读，大者篆书顺读，均珍罕。

背“上”“汾”小平铁钱少见。圣宋平钱一般钱径 25 毫米、重 3.8 克，折二钱径 30 毫米、重 7.4 克。

“崇宁通宝”“崇宁元宝”“崇宁重宝”“大观通宝”“政和通宝”“政和重宝”“重和通宝”“宣和元宝”“宣和通宝”铸造于徽宗崇宁、

◆ 北宋“崇宁通宝”

◆ 北宋“崇宁通宝”小平

大观、政和、重和、宣和年间（1102—1125 年）。崇宁通宝为徽宗御书，有小平、当十两种，小平钱径 26 毫米，重 3.2 克，折十者钱径 35 毫米、重 12 克。官方无载崇宁有折二、折三型，经考证为私铸、后铸，崇宁版别很多；有铁钱，大钱有错范、合背者；小平样钱、当十大字及背四出铁钱、铁母，珍罕。

崇宁重宝钱径 35 毫米，重 11 克 ~12 克，隶书，当十钱有铜、铁质，背星、月纹者较少，背“十”字者尤少，私铸的往往钱形薄小。

崇宁元宝小平楷书铜钱极罕，至今未发现实物，有少量隶书折二型铁钱，铁母也珍罕。

“大观通宝”有小平、折二、折三、折十等多种版式。这些版式中，

◆ 北宋“大观通宝”小平

◆ 北宋“大观通宝”折十

◆ 北宋“政和通宝”折三铁母

◆ 北宋“政和通宝”文政大字

面文“大观通宝”四个字中的“大”字，最后一捺虽有长有短，但最长的也仅略超过方穿的右上角。此钱为徽宗御书，小平钱径25毫米、重3.8克，折十者钱径41毫米、重10克；行书小平铁钱非常少，铁母更是珍罕。金、元时期，大观通宝还有铸造，这个时期的特点是多阔缘或背有星、月等纹。

“政和通宝”有小平、折二型铜钱及折三型铁钱，对钱有数十种之多，篆书、隶书两种书体。特色之处是隶书中杂有楷意，有时也称作楷书。小平铜钱存世量大，版别复杂，变化多在“政”和“通”上。铁钱铸造量极大，现在存世较多。另有珍罕的银质“政和通宝”，古泉大珍。“政和重宝”为折二钱，楷书，钱文瘦金体，顺读光背，径30毫米，传世以折二重宝铁母数种珍品。有小平、折二等铜、铁钱，钱文分篆、楷、隶，版别甚多，仅对钱就有几十种，铁母珍贵，还有银质者。

重和通宝仅见小平篆、隶铜质对钱，铸工异常精整，罕见。重和通宝小平，光背，钱文为隶书，篆书对照，字文俊美，厚肉深郭，深受历代钱币收藏者的珍爱。又加之其行用时间极短，因战乱、朝代更迭等各种原因，存世极少，因此其经济价值亦很高。“重和通宝”钱在形制上独有特色；面上布置，除文字大小一致，上下左右互相对称外，连空白也呈斜线对称。结构宽博，构思缜密；钱文笔画匀称，与轮廓浑然一体，规整精致。足见铸工精良，匠心独运。

◆ 北宋“重和通宝”小平篆书

◆ 北宋“宣和通宝”巨头宣（宝）书

◆ 北宋“宣和通宝”楷“通”书

◆ 北宋“宣和元宝”大字隶书

就钱文而言，也有其独特的地方。首先，无论篆书还是隶书，都保其方正风格。且隶书于平直之中见圆润，篆书于圆润之中显平直。隶书隶“贝”开足，篆书圆“贝”开足，二部首把“八”两笔写成“开足”这种形式，突出地表明了方正和稳健。其次，笔画流利多姿，韵致生动；笔力拙朴浑厚，雄豪磅礴，比起“崇宁通宝”等“瘦金体”，更加显得俊逸潇洒。“重和通宝”为北宋第八帝徽宗重和年间（1118—1119 年）所铸。其珍罕主要表现在“重和”时间最短。

宣和通宝小平钱径 25 毫米、重 3.5 克 ~3.8 克，折二者钱径 30 毫米、重 7 克。有小平、折二、折三等铜、铁钱，隶、篆成对，版别复杂；有白铜样钱、金银质小钱，有背星、背月、背星月，“楷通”“圆贝”等珍稀版别。铁钱为徽宗御书，瘦金体而背无“陕”字者罕见。徽宗钱十分精美，徽宗被认为是继王莽之后的第二铸钱好手。因通行大钱，为使官铸、私铸分开，故官铸钱精益求精。宣和元宝小平铜钱篆、隶成对，数量少而版别多，有大、小字之分，大字者少见。

靖康时期

“靖康元宝”“靖康通宝”铸造于钦宗靖康年间（1126—1127年），靖康有小平、折二、折三铜、铁钱，还有个别银质钱。靖康通宝顺读，有大小之分，篆、楷成对。小平钱径25毫米，重3.5克。靖康元宝旋读，篆、隶成对，另有折二隶书和折三篆书铁钱。均为珍品，以铸量少、版别多著称。

◆ 北宋“靖康元宝”（靖康元宝小平为宋钱名珍，近年国内无上拍记录，折二对钱相对常见，铸造多不精，2004年嘉德秋拍一枚折二隶书，极为精美，疑为未开铸之母钱，当时成交价格24万元）

南宋钱币种类

南宋时期，白银流通占主导地位，再加上企图推行纸币制度，所以铸钱数量少，而且时禁时放，铁钱流行居多，南宋平钱一般钱径 24.5 毫米，重 3.35 克；折二钱一般钱径 28 毫米，重 5.6 克 ~5.8 克；折三钱一般钱径 30 毫米，重 9.3 克。折二钱在南宋钱中占有很大的份额，钱背流行纪年、纪地、纪值、纪炉次等，品种版别繁杂。两淮、京西、荆门、四川流通铁钱，东南地区主要流通铜钱。

高宗时期

“建炎通宝”“建炎重宝”“建炎元宝”为高宗建炎年间（1127—1130 年）铸，“绍兴元宝”“绍兴通宝”为绍兴年间（1131—1162 年）铸。南宋高宗建炎元年（1127 年）铸，通宝分小平、折二，折三，钱文有篆、真二体，有铜、铁两种，顺读，多为光背，可配对钱。小径 24 毫米，重 3.5 克；折二径 28 毫米，重 5.5 克以上；折三径 30 毫米，重 9.3 克。元宝有小平，钱文篆、隶二体，旋读光背。重宝钱文篆书，顺读光背，径 33 毫米，重 9.5 克左右，较北宋大为减重，

◆ 南宋“建炎通宝”

◆ 南宋“建炎通宝”折二

◆ 南宋“绍兴通宝”折二

此钱铸行于江浙及两湖地区。建炎重宝篆书折三大铜钱和折二型篆书铁钱均不多见。“建炎元宝”铸造量极少，钱文篆书，隶书成对，皆为古钱大珍。

绍兴元宝旋读，有小平，折二，折三篆、楷铜钱，绍兴元宝小平钱极少见。折二型背常带有上月下星、星、月等，私铸者大小似小平而铸工粗劣。

绍兴通宝顺读楷书，有小平，折二，折三铜、铁钱，铁钱背上多为“利”字；小平铜钱较少，铁母就更加珍罕，折五、当十大铜钱极罕见，属于试铸品。

绍兴元年（1131 年），刘光世曾铸“招纳信宝”，关于此钱之铸造，其记载为：1131 年，金左监军完颜昌在承楚扎下大军，准备等候机会吞并南宋，南宋派大将刘光世隔江对峙。过了段时间，突然从对岸陆续有士兵偷渡过来，只要手持“招纳信宝”钱币，宋兵就会像见到亲人一样把他们带进营地。原来，当时金军中有很多是强征来的各族百姓，于是刘光世就下令铸造了金、银、铜三色钱币，正面楷书“招纳信宝”，背面穿上是一个“使”字，穿下是一个花。当宋军俘虏敌兵后，就送给归降的士兵“招纳信宝”钱回金营，再秘密分发给愿意归附宋朝的同伴。只要手持这枚钱币，宋营就会接收。于是，归附的士兵不断，竟编成“赤心”“奇兵”两支军队，非常勇敢，最后完颜昌只能退兵。

招纳信宝楷书背穿上“使”下为反“上”。径 25 毫米，厚 1 毫米品相自己定。南宋初刘光世为招徕降兵，铸招纳信宝作为信物分发给愿降的官兵，存世有金、银、铜三种，均极罕见。此为归降者的信物，非流通用钱。

◆ 日本仿造南宋招纳信宝伪品

孝宗时期

“隆兴元宝”“隆兴通宝”“乾道元宝”“乾道通宝”“纯熙元宝”“淳熙元宝”“淳熙通宝”铸造于孝宗隆兴、乾道、淳熙年间（1163—1189年）。隆兴通宝仅见楷书顺读铁钱，有小平和折二型。隆兴元宝小平铜钱为私铸，其余铜、铁钱，旋读背素，篆、楷成对，有小平、折二。

◆ 南宋“隆兴元宝”折二狭穿真书

◆ 南宋“隆兴元宝”折二圆贝宝篆书

◆ 南宋“隆兴元宝”折二阔隆篆书

◆ 南宋“乾道元宝”折二上月下星

“乾道元宝”有折二铜钱，大小多种铁钱存世。铜钱篆书、楷书成对，铁钱种类繁多，有的背有星月纹，背文“正”字者少见，未见小平铜钱；铁钱有小平、折二，钱文篆、楷、隶，版别复杂，除素背外，背文还有“正”“同”“春”“松”“邛”“冶”“广”“裕”“丰”“泉”等字，背文“泉”者少见，素背小平铁母及背有“同”“春”“松”字的折二铁母罕见。另外，“乾道通宝”有未正式行用的折五型大铜钱，孤品，无定价，还有个别金质小平钱。另外，发现有乾道通

◆ 南宋“乾道元宝”折二绍兴手母钱

宝背穿上“安”字的折二铁钱和个别折五型楷书铜钱，其存量都甚罕。

纯熙元宝，南宋孝宗皇帝乾道九年（1173年）冬至，改明年年号为纯熙，仅6天之后改元为淳熙。近年来江苏高邮出土一枚纯熙元宝小平铁钱，背上“同”，为纯熙元宝传世之孤品。

◆ 南宋“淳熙元宝”折二背“十”

◆ 南宋“淳熙元宝”折二上月下星

淳熙元宝，淳熙元年至十六年（1174—1189年）时铸，铜、铁两种。有小平、折二、折三。背纪地支及星月纹等，钱文有真、篆、隶三体，铜钱小平径23毫米~25毫米，折二径27毫米~28毫米，折二，素背或背有星月、“正”“泉”等字，其中小平隶书铜钱极珍罕；淳熙七年（1180年）起纪年，背以“柒”至“十六”这些数字纪年（“九”以后改为小写），此后钱文以宋体为主，对钱渐渐消失。

又有各种大小铁钱，以铁母者少见。通宝只见铁钱，有小平、折二、折三，前两种素背、背有星月、背纪监、背纪监兼纪年，版别十分复杂，纪监者有“春”“同”“松”“利”“泉”“邛”“丰”“广”“裕”“舒同”“舒松”等；有篆书小平径，24毫米，背月。折二径27.5毫米~28毫米，以铁钱小平为少见。自此钱文向单一化宋楷体发展。通宝开铸在后，以折二钱为主。折三铁钱背穿上有月孕双星“三”字纪值者。三种铁钱的铁母均珍罕。

淳熙通宝铜钱仅见小平，篆书旋读，背穿上有月纹者极珍罕；铁钱有小平、折二，旋读、顺读并见，钱文基本为宋体字，背文为监名“春”“同”兼“柒”至“十六”纪年数字。

光宗时期

“绍熙元宝”“绍熙通宝”铸于光宗绍熙年间(1190—1194年)。

绍熙元宝版式有小平，折二等铜、铁钱。有铜钱均楷书，铁钱为楷、篆书。均为纪年钱，有背“元”“二”“三”“四”“五”等。铸工较其他南宋钱币为优。折二型背穿下“二”及穿上、穿左、穿右各一巨星者为孤品，折五型背“四”者属试铸，极珍罕。“绍熙元宝”铁钱背有纪监及纪年文字，有背“同”“春”“光”“定”“春五”“汉”，纪年为“元”至“五”，位于纪监之后比如“同二”“光二”等。有利州监铸造的有“四六”“四七”“四八”“四九”等纪炉次的铁钱，背有“四七”的折三铁母珍罕。背有星月的篆书铁钱少见，折三铁钱背穿上有月孕双星者实表示纪值“三”。

绍熙通宝以小平、折二铁钱居多，楷书或篆书，有顺读和旋读，背有纪监文字和纪年文字“春”“定”“汉”和“二”“三”“四”

◆ 南宋“绍熙通宝”背“春三”铁

◆ 南宋“绍熙通宝”背“春三”铁母

等，一般穿上纪监兼穿下纪年，篆书背“春三”“定三”铁母珍罕。还有个别绍熙通宝折五背“四”楷书大铜钱发现。

宁宗时期

“庆元通宝”“庆元元宝”“嘉泰通宝”“嘉泰元宝”“开禧通宝”“开禧元宝”“嘉定通宝”“嘉定元宝”铸造于宁宗庆元、嘉泰、开禧、嘉定年间（1195—1224年）。

庆元通宝铜钱均旋读，有小平、折二、折三楷书铜钱，背穿下有“元”至“六”的纪年文字为小平、折二的铜钱，“四”至“六”纪年文字为折三钱背穿下所带有的文字，折二铜钱有光背的，也有仿瘦金体折三背穿上“永”字铜钱的，皆为珍罕古钱。

庆元通宝铁钱旋读为主，顺读其次，有小平、折二、折三3种，背有纪监兼纪年还有纪值的：“同”“春”“汉”等纪监文字和“元”至“七”纪年文字为小平、折二者钱背所有；折三铁钱穿下有“五十”至“五六”纪炉次数字，背穿上有月孕双星纪值符号，有的穿上“利”并纪年兼穿下纪炉次者，也有背穿上为监名“利州”穿下纪炉次者。穿下“五一”穿上月孕双星的铁母珍罕。

◆ 南宋“庆元通宝”

庆元元宝为邛州惠民监铸，楷书，折三铁钱背穿上有“川”字、穿左右或穿下为“卅三”至“卅七”纪炉次数字。此外，背穿上“川”穿左右“卅六”“卅七”的铁母罕见。

嘉泰通宝、元宝均楷书，嘉泰通宝铁钱有小平、折二两种，钱文顺读，背穿上纪监“同”“春”“汉”，穿下纪年“元”至“四”，有个别背“汉三”折二型等铁母发现，为珍品。

嘉泰通宝铜钱有小平、折二、折三3种，小平、折二钱文都是顺读，纪年文字背穿上有“元”至“四”，折三钱素背，钱文旋读。

嘉泰元宝还未见铜钱，铁钱为顺读或旋读，有小平、折二、折三等，背上的纪监文字为“同”“春”“汉”“利”“川”，此外，“利”“川”者除兼纪年外还兼纪炉次款，背穿上“川二”穿下“卅九”的铁母为珍罕品。

开禧通宝、开禧元宝均为楷书，开禧通宝小平、折二铜钱钱文

◆ 南宋“嘉泰通宝”

◆ 南宋“开禧通宝”

旋读，背文纪年有“元”至“三”，也有素背者，较少。另外，有当十背“利”字之开禧通宝铜钱，是古泉珍品。

开禧通宝铁钱钱名旋读为主，顺读其次，有小平、折二两种，“元”至“三”纪年兼纪“同”“春”“汉”等监名，背“同二”等铁母珍罕。

开禧元宝钱文旋读，目前为止只见折三铁钱，背纪监文字有“利”“川”等，也兼纪炉次；惠民监铁钱穿下纪炉次“四二”至“四四”背穿上纪地纪值“川三”等，背穿上“利”的铁母为珍罕品。

“圣宋重宝”由利州绍兴监铸造于嘉定元年(1208年),为折五铁钱，背穿上纪地纪年“利壹”、穿下篆书纪值“五”，楷书顺读。

嘉定通宝钱文顺读，有小平、折二两种铜钱，少素背者，背文纪年“元”至“十四”；嘉定通宝铁钱小平、折二，顺读或旋读，背文纪监“同”“春”“汉”兼纪年“元”至“十七”，折五铁钱背穿往往有，“行”“用”“直”“西”等字，穿下有纪值的“五”字，铁母珍罕。

嘉定元宝铜钱目前仅见当十型，旋读，楷书，背穿上下“折十”，

◆ 南宋“嘉定通宝”铁

◆ 南宋“嘉定元宝”折十

为罕见品；铁钱有 4 种，即小平、折二、折三、折五，顺读或旋读，分楷书或篆书两种，纪监、纪年、纪值、纪炉次都有。另外，四川地区还铸造了其他名称的铁钱，折二的有崇宝、全宝、永宝、安宝，折三的有崇宝、全宝、永宝、真宝、新宝、安宝、隆宝、泉宝、正宝、洪宝、万宝、之宝、兴宝、大宝等，折五的有珍宝、兴宝、重宝、至宝、封宝、之宝、全宝等，共约 20 余种。方若编韵语以便记忆：“国用永安崇，平正新万隆，元泉全大洪，真兴玉珍封，之重通。”又有人编为“崇封之地，真人隆兴，洪福至新，万珍全至，大宝永安”。这些钱中有的背有“定”“正”“权”“信”“惠”“使”“用”“利州行使”等文字，纪值为“三”“五”等数字，除此之外还有折二月孕星、折三月孕双星等纪值符号。

理宗时期

“宝庆元宝”“绍定通宝”“绍定元宝”“端平元宝”“端平通宝”“端平重宝”“嘉熙通宝”“嘉熙重宝”“淳祐元宝”“淳祐通宝”“开庆通宝”“景定元宝”分别铸于理宗宝庆、绍定、端平、嘉熙、淳祐、开庆、景定年间（1225—1264 年）。“大宋元宝”“大宋通宝”铸于宝祐元年，“皇宋元宝”铸于理宗宝祐年间（1253—1258 年）。

宝庆元宝仅见小平、折三铁钱，篆书旋读，1985 年在江苏高邮出土少许，从出土钱上可见小平钱背文为“汉一”，折三钱背文有“定三”“惠三”“惠正三”等，这些钱都是世上流传较少的罕见之品。世上流传的大铜钱为后人伪造。

◆ 南宋“宝庆元宝”铁

◆ 南宋“大宋元宝”背“元”

大宋元宝铜钱有小平、折二，楷书旋读，背纪年“元”至“三”，素背者少；铁钱有小平、折三，纪年“元”至“三”兼纪监“春”“定”“泉”“汉”“西”等。

大宋通宝小平铁钱楷书旋读，背纪监兼纪年，大宋通宝铜钱仅见于楷书顺读背“当十”大钱，为精美珍罕之品。

绍定通宝铜钱钱文顺读，楷书，有小平、折二、折三等，背纪年“元”至“六”；铁钱钱文顺读或旋读，纪年兼纪监“春”“汉”。

绍定元宝铜钱楷书旋读折三，背纪年，并有鎏金银质小平钱及珍罕的仿瘦金体素背大铜钱。

◆ 南宋“绍定通宝”

端平元宝铜钱钱文旋读，楷书，有小平、折二两种，小平背穿素背或穿上纪年“元”，折二型厚肉阔缘，较少；端平元宝铁钱主要为折五型，钱文顺读，也有少数旋读者，穿上纪监“邛”穿下纪值“伍”，或者穿上“定伍”纪监纪值，穿下纪范“东上”“东中”“东下”“北上”“北中”“北下”的。还有仅穿下纪值“伍”的，端平元宝有数种铁母发现，另有背“利”当十型大铁钱。

端平通宝铜钱仅见素背折五钱，钱文顺读，楷书；铁钱有小平、折五，小平背纪监、纪年，并有背“春元”铁母发现；折五背穿上纪监、纪值有“惠伍”等发现，穿下有“东上”“东中”“东下”“西上”“西中”“西下”以纪范。

端平重宝仅见楷书顺读素背折五铜钱，精美珍罕，存世少见。另见有折十型端平重宝大钱，罕见。

嘉熙通宝楷书顺读，铜钱有小平、折二，纪年为背穿下的“元”至“四”，素背者很少，背“元”在穿上者较珍罕。铁钱有折五、当十，穿上“五”“十”纪值、纪范围，穿下“东中”“东二”等。

嘉熙重宝铜钱仅见楷书旋读当十大钱，铁钱目前没有发现，一般有素背或背有四出纹。

◆ 南宋“端平通宝”

◆ 南宋“淳祐元宝”

淳祐元宝楷书旋读，背纪年“元”至“十二”有小平、折二铜钱。

淳祐通宝钱制复杂，楷书顺读，铜、铁钱均有，有小平至当百多种，铜钱当百者较多，均较珍罕，背文“当百”，大小不等;当百铁钱，背穿上“庆”、穿左右“当二十文”铁钱均罕见，除此之外，淳祐通宝也有铅钱。

皇宋元宝楷书旋读，仅见小平、折二铜钱，背有“元”至“六”纪年文字，也有素背者。

◆ 南宋“皇宋元宝”

◆ 南宋“开庆通宝”

开庆通宝楷书顺读，有小平、折二背穿上“元”字铜钱两种。

景定元宝也仅见小平、折二铜钱，楷书旋读，背穿上纪年“元”至“五”，也有素背者，是南宋末期的产物。

◆ 南宋“景定元宝”折二背“元”

度宗时期

“咸淳元宝”铸造于度宗咸淳年间(1265—1274年)。楷书顺读，背文纪年“元”至“九”，有小平、折二两种，背“九”者仅一见，似折三型阔缘大样者稀见。咸淳之后，虽有德祐、景炎、祥兴年号，但由于当时的社会环境，南宋朝廷已无力铸钱。

此外，南宋理宗后期还铸临安府行用的钱牌，有铜质、铅质，俗称“夸牌”“大牌”，也就是大钱，是一种带有地方通行证性质的行用货币。

◆ 南宋“咸淳元宝”折二背“三”

辽朝钱币

辽始于太祖耶律阿保机，定都上京（今内蒙古巴林左旗南），其疆域东临北海、渤海，西至金山（今阿尔泰山）、流沙（今新疆白龙堆沙漠），北至克鲁伦河、鄂尔昆河、色楞格河流域，东北迄外兴安岭南麓，南接山西北部、河北白沟河及今甘肃北界。辽几乎各个时期都有铸钱。

钱币特征

辽代钱币继承了北宋钱币的遗风，但也有其独特的特点，其表现为钱币古朴雄浑，文字书法不拘一格，而这些正好反映了契丹族的民族特征。辽钱以铜钱为主，市场价定位较高。在收藏领域，辽钱是一个热门收藏泉种。

钱币种类

辽太祖时期

公元 922 年，辽太祖阿保机改年号为天赞，铸造天赞方孔钱为天赞通宝。天赞是契丹（辽）的第二个年号，天赞钱是契丹国的第二个年号钱。除虎尾通小平光背铜钱，小平背月钱外，还有折三、折五、折十大钱，论材质还有金（鎏金）钱、银钱。

◆ 辽“天显通宝”

辽太宗时期

“天显通宝”四字隶书，旋读，光背无文。钱径 24 毫米，重约 2.7 克。此钱制作工整，文字自然，古朴可爱。传世仅一二品且下落不明。1940 年北京骆氏曾于大房山获得 1 枚，经南北泉家戴葆庭、方药雨、马定祥诸氏审定为真品无疑，惜于抗战后期辗转落日本人之手。

不久前在四川省广元市出土一枚天显通宝，钱径 23 毫米，重约 3 克。天显通宝为辽钱名珍之一，极为罕见，近年国内无上拍记录，华夏图库收录 3 枚，1 枚为中国国家博物馆藏，1 枚为日本国立历史民族博物馆藏，1 枚为新加坡陈光扬藏。

辽世宗时期

“天禄通宝”铜质小平钱至今仅发现四、五枚，钱文有细别，有数种版别，属我国古钱中大珍级大名誉品。

◆ 辽“天禄通宝”（天禄通宝存世稀见，亦为辽钱名珍之一，近年国内无拍卖记录）

辽穆宗时期

“应历通宝”为辽国穆宗皇帝应历年间铸造（公元951—969年），钱文粗糙，制式为小平，钱径23.5毫米，现存世仅有数枚。中国古钱“五十名珍”之一，珍罕。

辽景宗时期

“保宁通宝”为辽代辽景宗耶律贤保宁年间（公元969—978年）的铸币，版式有大字、小字、宽缘、细缘、狭穿、广穿、背月纹等区别。存世量极少，其钱文旋读，书体隶兼八分，浑厚朴拙，古意盎然，具有独特的民族风格，可谓影响了整个辽代钱风。是古泉“五十名珍”之一，保宁通宝平钱的统计存量大约在数十枚之内，是辽钱中的稀见品之一。

◆ 辽“应历通宝”

辽圣宗时期

“统和元宝”为辽国圣宗皇帝统和年间（公元983—1012年）铸造。为小平钱，钱径22.5毫米~24.5毫米。现有小字版、大字广穿版、背星月几种，均传世稀少。

辽兴宗时期

“重熙通宝”为兴宗耶律宗真重熙年间（1032—1055年）所铸。重熙通宝旋读，四字隶书，素背。钱径24毫米，重2.7克~3.4克。重熙钱传世比较多，而且一直有小批量出土，已见版式较多，钱文有大字、小字之别，“通”字又有隶“通”与楷“通”之分。其间隶“通”较少，大字钱尤少。重熙通宝的铸行是辽钱史上一座分水岭：重熙前出钱甚少，此后辽钱便逐代丰富起来。币值稳定，“斗粟六钱”。

◆ 辽“重熙通宝”“下八品”之一

◆ 辽“清宁通宝”（版别主要有小字和大字两种，小字者常见，大字较为稀见，写法也与小字有明显区别）

辽道宗时期

“清宁通宝”为楷书，唯“宝”字尚留隶韵，旋读，光背无文。此钱有大样小样之分，大样笔画质朴，小样四字清奇，“宁”字宝盖下从“下”而不从“心”，“通”字“甬”头为“㇈”，制作亦较粗疏，想为清宁后期所出。径 22 毫米 ~24 毫米，重 2.7 克 ~3.4 克。此钱传世较多，历年均有出土，系“道宗五泉”之班首。另有一枚“清宁二年”大钱，面文环书旋读，仅见孤品。

“咸雍通宝”为辽国道宗皇帝咸雍年间（1065—1074 年）铸造。铜质红软，制作浑朴。面文“咸雍通宝”四字旋读，楷中蕴隶，布局匀称，辽钱古拙气韵甚浓。钱体有大、小样之别，钱径 24 毫米 ~27 毫米，重 2.7 克 ~3.6 克，光背无文。铸量不大，仅在北地流通，今存世不多，比较少见。

“大康通宝”为辽国道宗皇帝大康年间（1075—1084 年）铸造。钱文粗疏，制作不精，面文“大康通宝”四字楷书，旋读，光背无文。钱径 23 毫米 ~24 毫米，重 2.7 克 ~3.5 克，版式多样，然无论制作、文字，通宝钱均较元宝钱工整匀称，少数钱堪称佳美。大康通宝传世很多，辽故地每年也有出土。

◆ 辽“大康通宝”

“大康元宝”四字楷书，旋读，光背无文。钱径 23 毫米，重 3 克左右。此钱制作粗疏，文字草率，笔画多变而有所不清。大康元宝品相好的几乎没有，是辽铁铸造中质量最低劣的钱品。

“寿昌元宝”，小平钱，比较少见，有“元”字左挑者极其罕见。制作粗劣，因文字漶漫不清，《辽史》及旧泉谱上曾误载为“寿隆元宝”。面文“寿昌元宝”四字楷书，旋读，以阔缘长“昌”者少见；光背无文，然可见错范或八角菱花穿者。钱径 23 毫米，重 2.7 克 ~3.9 克。

辽天祚帝时期

“乾统元宝”，辽天祚帝耶律延禧乾统年间（1101—1125 年）铸造。《辽史・食货志》中记载：“天祚之世，更铸乾统，天庆二等新钱。”乾统元宝所见多为平钱，钱文八分隶书。有折十“乾统元宝”大钱，楷书旋读，书体较拙，乾字作“乹”，与平钱写法一样，其用途有赏赐、镇库或开炉纪念之说，故而十分珍罕。

“天庆元宝”为天庆年间（1111—1120 年）铸造。有光背小平钱。有“大辽天庆”折十大钱，制作精美，存世仅有 2 品，珍罕无定价。

其他钱币

“天朝万顺”为契丹文大钱，但可能并非流通钱币。有 3 种，一为折五铜钱；二为特大型铜钱，钱径达 60 毫米；三为大小似折五的阔缘银质钱，背阴刻契丹文，该钱是迄今为止已发现的中国最早以少数民族文字为钱文的钱币。大字创造于辽太祖神册五年（公元 920 年），小字随后。中国官方少数民族文字一共有 26 种，有契丹文、女真文、西夏文、回鹘文、八思巴文等，用于钱上的少数民族文字仅 7 种。2005 年内蒙古满都拉出土的天朝万顺，钱径 61 毫米，重 55 克。青铜含合金，红锈明显。有金、银、铜三种。

“通行泉货”早期辽钱。文字有五代遗风，1981 年内蒙古林西县（辽上京附近）出土 1 枚，确证为辽钱无疑。因其未用年号而援五代南唐“永通泉货”例，且书隶体，可推为辽太祖阿保机（公元 916—926 年）时代或其前后所铸。“通行泉货”四字旋读，拙朴富辽钱风，仅见数品而版式不一，有大“通”与小“通”之别，亦有光背或背上仰月之分。钱径 23 毫米，重 4.4 克。钱体浑厚，色泽淳古，为古泉中大珍之品。旧谱常刊为“通行泉宝”。但也有人推测为唐末撒剌所铸。

◆ 辽“天朝万顺”（上海博物馆藏）

◆ 辽“通行泉货”

“千秋万岁”，洪遵《泉志》即有著录，据其形制、文字演变及传世数量推断，铸行期可从太祖阿保机（公元 916—926 年）始，延续至中期兴宗（1031—1055 年）前后。此钱大小不一，径自 13 毫米起，渐增至 27 毫米、34 毫米、40 毫米、49 毫米等多种样式，版别复杂。

“开丹圣宝”，一读为“开圣丹宝”，辽太祖阿保机建契丹国前后铸，时限在公元 916 年左右。“开丹”义“契丹开国”之意。“开丹圣宝”四字顺读，体分二式：一式行楷，笔画拙朴具辽钱文风，制作粗犷；一式正楷，字形端庄，制作工整。两钱均为小平，钱径 24 毫米，重 2.7 克左右，皆光背无文。有人认为是辽钱，也有人定为宋朝的厌胜钱。

牡（壮）国元宝、助国元宝也有认为是辽钱者，有人认为是五代后晋钱币。

大泉五铢是否为辽钱，尚无定论。

西夏钱币

西夏（1038—1227 年）是中国西部的一个政权，是由羌族的分支党项族建立的。在西夏没有建国前，物物交易是市场流通的主要手段，而后由宋“岁赐”，长期使用宋币，建国后开始自行铸币。西夏钱币虽然前人早有著录，但大多无实物证据，真伪也需要鉴别，现已肯定者有 13 种，多为年号钱。

钱币特征

西夏钱币仿唐宋钱币，规格统一，制作精美，文字清美。铜、铁并行，天盛、乾祐两种有铜、铁钱，其余仅有铜钱。西夏钱币尚有“元德重宝”折二，其余均为小平钱，钱文有元宝、通宝，素背。非素背者有两品，铁天盛元宝背上穿“西”及背月纹的天庆元宝。早期的通宝、重宝顺读，天盛以后的元宝旋读。钱文有两种，为西夏文和汉文。汉文钱包括篆、隶、楷、行等，有对钱。

钱币种类

西夏文钱

洪遵《泉志》中定西夏文钱为“梵字钱”，民国初年，西夏文可是被释读，所以才知道西夏文钱的存在。

“福圣宝钱”铸造于毅宗福圣承道年间（1053—1056 年）。早于汉文钱的铸造时间，由于缺乏西夏文献的考古依据，所以断代只能靠年号。西夏文钱共发现 5

种小平铜钱，旋读，素背，极罕见。这五种钱分别是“福圣宝钱”“大安宝钱”“贞观宝钱”“乾祐宝钱”以及“天庆宝钱”。这五种钱币正面为西夏文，背面为光背，形制都为小平铜钱，非常少见，属于珍稀的古钱币。西夏文钱有狭缘、阔缘之分。

惠宗时期汉文钱

“大安通宝”为惠宗李秉常，大安年间（1074—1084 年）所铸汉文平钱。素背小平铜钱，隶书，顺读，文字端庄，边郭整肃，制作精美，背穿上隐约有仰月纹。“通宝”二字沿袭唐开元通宝，“大安”二字为新置，四字显得不太协调。1981 年在内蒙古林西县三道营子发现 1 枚，钱径 24 毫米，重 4.1 克，此钱“通宝”从隶与“元德通宝”如出一辙，故将大安通宝系于西夏惠宗，而非金辽“大安”。

崇宗时期汉文钱

“元德通宝”“元德重宝”铸于崇宗元德年间（1119—1126 年），素背，楷书顺读。元德重宝为折二或折三大钱，孤品。元德通宝为小平钱。

◆ 西夏“大安通宝”改范钱，其归属尚存争议

◆ 西夏“元德通宝”

◆ 西夏“天盛元宝”

◆ 西夏“天庆元宝”

仁宗时期汉文钱

“天盛元宝”铸造于仁宗时天盛元年（1149年），小平，楷书旋读，有铜、铁钱两种材质，有的背穿上带“西”字，但铜钱背“西”者珍罕。“乾祐元宝”铸造于乾祐年间，旋读，素背，有小平铜、铁钱。

桓宗时期汉文钱

“天庆元宝”铸造于桓宗天庆年间（1194—1205年），楷书旋读，有背月纹和狭缘广穿等版别。

◆ 西夏“皇建元宝”

◆ 西夏“光定元宝”

襄宗时期汉文钱

襄宗皇建年间（1210—1211 年）铸“皇建元宝”铜钱，有大样者。

神宗时期汉文钱

“光定元宝”铸造于神宗光定年间（1211—1223 年），篆楷成对，素背，都为小平钱，篆书者仅见 1 枚，孤品，1984 年发现于宁夏贺兰山。

金朝钱币

金（1115—1234 年）为女真族完颜阿骨打创建，《金史·食货志》中记载："金初用辽、宋旧钱，天会末，虽刘豫阜昌元宝、阜昌重宝亦用之。"金朝初期用辽宋旧钱，太宗天会后期行用伪齐政权铸造的阜昌钱。在金朝的 10 个皇帝中，有 6 个皇帝铸造过钱币，金朝末年，通货膨胀，民间多以白银交易。因此金后期钱币铸量很少，较为珍罕。

钱币特征

金朝钱币除正隆、大定外，存世较少，因为当时以流行纸币为主，民间交易又多用白银。

流通的金朝钱币均用汉字，女真文字钱为非流通钱币。汉文书法精美讲究，上承宋钱传统。金钱铸币技术高、边郭峻整，文字精美，铜质优良。另外"承安宝货""天兴宝会"铜钱均为伪品。

钱币种类

伪齐刘豫

"阜昌元宝""阜昌通宝""阜昌重宝"为金代伪齐政权刘豫（金人扶植政权）阜昌年间铸造的钱币。阜昌元宝为平钱，有真、篆二体对钱。钱径 27 毫米，重 3.4 克，素背。唯"阜昌通宝"直径约 35 毫米，钱文清晰精美，书法精妙绝伦，极美品。"阜昌重宝"仅见折三，另钱文十分精美，书法亦精妙绝伦。

◆ 伪齐刘豫“阜昌通宝”

◆ 伪齐刘豫“阜昌重宝”

金熙宗时期

“皇统元宝”铸造于皇统年间（1141—1149 年），制作精美，存世不多，多为皇统元宝篆书孤品。

海陵王时期

“正隆元宝”铸造于海陵王正隆三年（1158 年），有四笔和五笔正隆之分，四笔是指正字的最后两笔连写成一笔，这个版式比较多见，属于普通品，存世较多。五笔正隆则比较罕见。

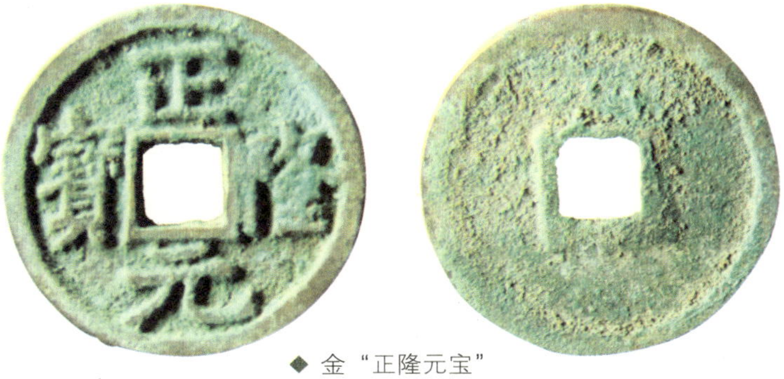

◆ 金“正隆元宝”

金世宗时期

“大定通宝”铸造于金世宗大定十八年（1178 年）。版式有小平、折二两种。钱文仿瘦金体书，有铁钱。折二大钱色灰白，铸量较少，

◆ 金“大定通宝”

世传其钱料微含银。大定二十八年（1188 年）铸造的钱币有干支背文。“大定通宝”钱，形貌大方、造型简练、字仿“瘦金”，精美程度比“大观通宝”有过之无不及。

金章宗时期

“泰和通宝”铸造于金章宗泰和四年（1204 年），钱文楷书，有小平、折二、折三、折五、（大定）折十等，均极稀罕。含瘦金体风韵，制作精美，旋读光背，小平钱径 25 毫米、重 3.8 克，折二钱径 28.7 毫米，折三钱径 32.7 毫米，折十钱径 44 毫米、重 15 克。泰和通宝钱不分何种，均极稀少。

“泰和重宝”钱文篆书，顺读，有当十大、小两式。钱文是金朝文学、书法大家党怀英手书，字体精纯典雅，美不胜收，为历代藏家所珍爱。泰和重宝铜质优良，体态浑厚，制作精美。面文“泰和重宝”四字为玉筋篆，有大小样及阔缘窄缘等版式多种，钱径 45 毫米 ~52 毫米，重 10 克 ~20 克，光背无文，但有合背钱。

◆ 金“泰和重宝”篆书当十

卫绍王时期

金卫绍王完颜永济崇庆元年（1212 年）铸“崇庆通宝”，楷书，顺读，仿瘦金体，光背无文。有小平、折二两种。小平钱径 24 毫米、重 3.6 克，折二钱径 27 毫米、重 6.4 克。

“崇庆元宝”元宝为篆书当五大钱，钱径为 35 毫米，传世仅 5~6 枚。

“至宁元宝”至宁元年（1213 年）铸造。存世仅有 1 枚折五型铜钱，孤品，书体与北宋崇宁小平楷书相似。珍罕无定价。

金宣宗时期

“贞祐通宝”铸于金宣宗完颜珣贞祐年间（1213—1217 年），钱文楷书顺读，有平钱、折二、折五 3 种。素背。

“贞祐元宝”元宝小平，钱文真书旋读。贞祐元宝，早年流入日本（日本平岛春水藏），国内仅发现 1 枚。

◆ 金“贞祐通宝”

元朝钱币

1206年，成吉思汗统一蒙古，建立蒙古国。1271年，忽必烈定国号为元。至1368年，共10帝。入主中原后仅有三朝铸钱，武宗至大年间（1308—1311年）改为银钞，银、钱并用，但铜钱仍铸量不足，所以用旧钱补充流通。顺帝至正十年（1350年）也曾恢复旧钱流通。

钱币特征

元朝钱币种类繁多，总体上可分两类：一是许多特殊用途的钱，如供养钱和纪念钱参与流通；二是法定的官铸流通钱，除世祖、武宗、顺帝时期的文献记载外，不排除其他朝的流通钱。

元钱钱制复杂，在折当、钱文方面比较随意。比如宝文除用“元宝”“通宝”外，还有独特的“贞宝”，还有年号加某年的钱文，年号加纪年干支钱，纪事、纪地钱，后几种多属供养钱。

元钱铸造量少，钱文有蒙、汉两种，蒙文即八思巴文，八思巴文入钱是从至元钱开始。钱上纪年、纪值、纪监。除铜钱外，还有金、银钱。值得一提的是，元钱中有特殊的权钞钱，所谓权钞就是以金属代替纸币，这与纸币代替金属截然相反，为世界货币史上的特例。

钱币种类

元钱币分供养钱和政府铸行用钱两大类。政府正式铸行的行用钱大体宝文为通宝、元宝，此类钱多铸工精整、文字精美；供养钱多粗劣薄小，但是也有精致大钱。供养钱，厌胜钱属，亦称“供佛钱”“庙宇钱”。供养钱钱文随意，除年号加元宝外，还有年号加年数、加干支等；钱背常有“护圣”“太乙”“香殿”等字。

大朝时期

“大朝通宝”为蒙古汗国在改称元以前称大朝时（1227年）所铸。钱文楷书，顺读，光背无文。有的“大”“通”“宝”三字仿大观通宝，有瘦金体书意，素背；有的背有“十”“木”等。有银质、铜质两种，均为小平钱，存世极少，铜质更罕见。属中国古泉五十名珍。

仁宗时期

“皇庆元宝”为仁宗皇庆年间（1312—1313年）所铸，汉文楷书小平钱及小钱。“延祐元宝”“延祐通宝”“延祐贞宝”铸造于延祐年间（1314—1320年），汉文楷书，延祐元宝大小不一，延祐通宝有小平钱及小钱，延祐贞宝小钱为供养钱。

◆ “延祐通宝”供养钱

◆ 元“至治通宝”

英宗时期

“至治元宝”“至治通宝”“至治元年”等钱铸造于英宗至治年间（1321—1323年），至治通宝有小平钱和大钱。至治通宝大钱面文穿上下为八思巴文“至治”，穿右为察合台文“通”，穿左为西夏文“宝”，共同组成释为“至治通宝”，顺读：至治元宝和至治元年为小钱。

泰定帝时期

“泰定元宝”“泰定通宝”“泰定元年”等钱铸于泰定帝泰定年间（1324—1328年）。泰定通宝铸文楷书顺读，有大、小两种，大钱铸制精工，边郭完整，面文清晰，光背无文。存世量极少。致和元年（1328年）铸“致和元宝”小钱。

文宗时期

“天历元宝”小钱铸造于文宗天历年间（1328—1330年）。“至顺元宝”“至顺通宝”钱铸造于至顺年间（1330—1333年），至顺通宝小钱楷书顺读，广穿，背穿上下“太乙”或“护圣”两字，为供养钱。至顺三年（1332年）铸“至顺壬申”钱，背文“太乙”“护圣”，应该是供养钱。

顺帝时期

元统元宝、至元通宝、至元元宝

“元统元宝”“至元通宝”“至元元宝”分别铸于顺帝元统年间（1333—1335年）和至元年间（1335—1340年）。元世祖忽必烈于1285—1294年也曾铸造过至元通宝钱，但只有汉、蒙两体小平至折三共六品。而元顺帝所铸造的至元通宝版式繁杂，变化无常，除光背外，有背“玉”、背星月、背异文及供养钱等。有小平、折二、折三，平钱、折二少见，折三罕见，背穿上“玉”字者罕见，背星月者也很少，另外还有至元通宝四体文钱。至元元宝小钱背书“戊寅”二字，楷书，文字歪斜，据其形制判断应属供养钱。

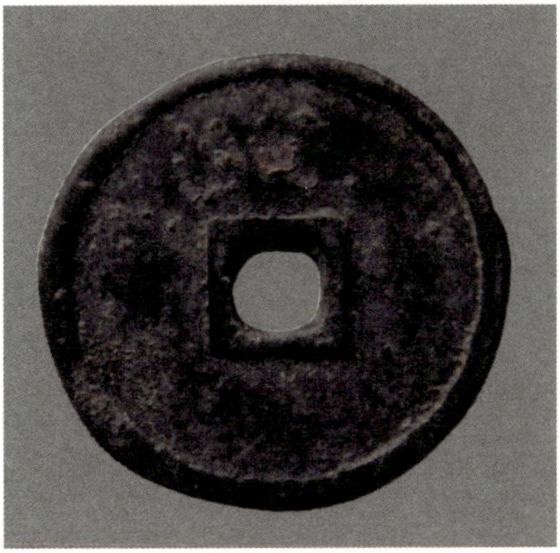

◆ 元“至元通宝”

至正通宝、至正之宝

顺帝至正十年（1350年）铸“至正通宝”（《元史·食货志》），至正通宝面文汉字楷书顺读，分纪值钱和地支纪年。纪值钱分四种：一为背穿上有八思巴文纪值，有背上“三”“五”“十”三等；二为背穿上有八思巴文“十”，穿下汉文楷书“壹两重”，存世较少；三为背穿上八思巴文、穿下汉文纪值，有背“二”“三”两等，以背“三”为珍，谱录有背“十”大钱极罕见；四为背穿上有八思巴文“戌”“亥”纪年，穿下一星加汉文楷书“五”“十”纪值。

地支纪年钱，分小平、折二、折三，汉文顺读，背八思巴文“寅”“卯”“辰”“巳”“午”，分别指庚寅、辛卯、壬辰、癸巳、甲午5个年份，也就是元至正十至十四年（1350—1354年）；背“寅”“卯”者罕见，为珍。

◆ 元“至正通宝”

◆ “至正之宝”权钞壹钱五分

“至正之宝”权钞大铜钱，钱体厚重，制作精良。有折十、二十、三十、五十等类型。铸工精美，面背均汉文楷书，据说为元末书法家周伯琦所书，遒劲秀美，面文顺读，背穿上有“吉”（可能指江西吉安），穿右“权钞”，穿左为“伍分”“壹钱”“壹钱伍分”“贰钱伍分”“伍钱”等字，分成 5 等，钱径依次为 42 毫米、50 毫米、60 毫米、70 毫米、80 毫米。也就是以本身有价值的钱币来代表本身没有价值的纸币。至正钱在铸工、文字、铜质方面均为元代最佳。

另外，至正年间（1341—1368 年）的供养钱还有“穆清铜宝”“承华普庆”“大昊天寺”“大悲神咒”“数珠菩萨”，另外“穆清银宝”背“至正”，“圣寿万安”背“至正”，“真定献香”背“青旗小社”等。

其他权钞钱

“支钞半分”汉文楷书顺读，素背，穿四决，小平铜钱，其性质跟至正之宝相似，为权钞钱。除支钞半分外，还有“大观通宝”“大定通宝”“开元通宝”“宣和通宝”，背“半分”者，有面文“大观通宝”大铜钱，面文袭北宋大观，背穿上“半”穿下俗体“分”者均属权钞或支钞钱类，元支钞钱铸造平庸，文字平夷，经考证，其制造年代多在金末元初。

◆ “大宋”政权“龙凤通宝”

元末明初钱币

元朝末年，蒙古统治者骄奢淫逸，各种苛捐杂税名目繁多，汉人被压迫被掠夺得更为严重，而蒙古统治阶级内部却在为争权夺利而互相征战，农民起义此起彼伏。经济发达地区大多被起义军所控制，这就为起义政权提供了币材和良好的铸钱经验与技术，所以各政权所铸钱币文字精美、铸工精整、铜质优良。而且钱币体制较完善，钱文结构统一，楷书顺读占绝大多数。

“大宋”政权钱币

元至正十五年（1355年），红巾军刘福通立韩林儿为帝，号“小明王”，以亳州（今安徽亳州）为都，建国号大宋，建元龙凤（1355—1366年），铸“龙凤通宝”铜钱。“龙凤通宝”四字楷书，顺读，光背无文。小平钱径25毫米、重3.3克，折三钱径3.3厘米，制作尤精。龙凤通宝传世甚罕。

“大周”政权钱币

“天佑通宝”钱是元末农民起义首领张士诚所铸。元至正十四年（1354 年），张士诚据江苏等地，建国大周，改元天佑（1354—1357 年），铸“天佑通宝”。

分小平、折二、折三、折五 4 级。面文楷书，钱背穿上有楷书“一”和篆书“贰”“叁”“伍”纪值。铜色青白。天佑钱传世不多，加之明太祖朱元璋的搜缴销融，现存传世品较少。《王荫嘉品泉录》中记载：“天佑钱传流至今，已稀若星凤”“即便吴中，亦属难得一见。”“吴中”系张士诚活动区域。

◆ “大周”政权“天佑通宝”

“天完”政权钱币

“太平通宝”“天启通宝”“天定通宝”是徐寿辉在湖广起义国号天完时的铸币，其铸造年份分别为太平（1356—1358 年）、天启（1358 年）、天定（1359—

◆ “天完”政权“天启通宝”

1360年)。太平通宝有小平、折二两种，折二者又有狭缘、阔缘之分，狭缘银白色，被认为是银质，可能掺杂少量白银。

天启通宝、天定通宝均属铜钱，面文楷书，素背，分小平、折二、折三3种，天启通宝另有篆书折三1种。

天启通宝均极珍罕，天定通宝稍多。

"大义"政权钱币

元至正二十年(1360年)，陈友谅杀徐寿辉，在湖北武昌称帝；国号"汉"，改元为"大义"，并铸"大义通宝"。依天启、天定钱制，分小平、折二、折三3种，铜色红褐，制作稍逊。"大义通宝"铜钱，面文楷书，素背。分小平、折二、折三3种。

◆ "大义"政权"大义通宝"

◆ 朱元璋吴王时期“大中通宝”

朱元璋吴王时期钱币

元至正二十一年（1361 年），吴国公朱元璋在应天府置宝源局铸“大中通宝”铜钱，龙凤十年，即至正二十四年（1364 年），平陈友谅后，朱元璋在江西置货泉局又铸大中通宝。颁行五等钱式，增铸“当十”一种，背穿上“十”字。明朝建立后继续铸行大中通宝。现存大中通宝均铜质楷书，大体可分三类。一为素背钱，分小平、折二、折三、当五、当十等，以当十者罕见。二为背穿上纪值钱，分为背“一”“二”“三”“五”“十”，以背“十”者为珍。三为背纪局钱，有的兼纪值，计“京”“浙”“北平”“福”“鄂”“广”“桂”“豫”“济”9局，各局均有五等制；纪局文字多在穿上，也有在穿下或穿左、右，总计达 47 种。有人认为，大中钱仅素背一种为明以前所铸。背“福”“京”“广”“济”较少见，仅当十背穿上“济”穿下“十”、当十背穿上“京”穿右“十”稍多见。

其他钱币

1397年，田九成占据四川自立为汉明皇帝，改元龙凤，仿洪武钱制，铸“龙凤通宝”，龙凤钱背“永”字，穿下一月，被称为“永字新月龙凤通宝”。

另外，还有“天统元宝”篆书和“天统通宝”楷书两种钱币，传为明玉珍夏政权天统年间（1362—1365年）所铸，有待考证。

◆ 龙凤通宝

第六章

第六章

明朝钱币

1376年（明太祖洪武八年）恢复了统一的纸币流通制度。但由于政府强制无限额发行且不兑换，导致宝钞不断贬值，民间已经不用宝钞交易，金属铁流通的趋势日益增强。明中期以后的货币流通制度就是以白银为主、铜钱为辅

◆ 明“大中通宝”

◆ 明“万历通宝”

钱币特征

明钱币属通宝体系。明朝颁行“洪武钱制”，称前朝钱币为旧钱，本朝官炉所铸钱币为制钱。但明政府始终想推行纸币制度，对金属钱时禁时放，导致“洪武钱制”施行不利。

洪武有五等制，以平钱为主，明后期才铸折二钱，天启有当十钱，崇祯的折五、当十钱或未行用。

明钱币顺读，楷书，仅南明个别钱币为篆、隶、行书，始为红铜或青铜，嘉靖以后改为黄铜。嘉靖至万历前期钱币铸工精湛、铜质精良，著名者如金背、火漆、镟边等。天启时期也有质量较高的钱币，如“白沙钱”等。

明朝前期钱币版别简单，后期以万历、天启开始复杂起来，崇祯钱成为中国古代钱币中最复杂的一种。

钱币种类

洪武通宝

《明史·食货志》中记载："（戊申、太祖）即位，颁洪武通宝钱，其制五等：当十、当五、当三、当二、当一。当十钱重一两，余递降至一钱止。"

洪武元年（1368年）继大中通宝钱式，颁行"洪武通宝钱制"，命京师宝源局和各省宝泉局铸"洪武通宝"，规定铜的成色为100%。钱文真书，顺读。当十大钱一般钱径46毫米，重34.4克~37克；当一钱径24.5毫米，重3.4克~3.6克。洪武三年（1370年）三月下令户部及各行省铸造洪武通宝钱，分为五等，一小平钱重一钱，折二重二钱，折三重三钱，折五重五钱，当十重一两。并在各行省设宝泉局与宝源局并铸。同时继续铸造大中通宝。洪武四年（1371年），改铸大中、洪武通宝大钱为小钱。洪武八年（1375年），诏造大明通行宝钞，定宝钞每贯合铜钱一千文或白银一两，宝钞四贯合黄金一两，同时禁止金、银流通，只能用来向政府兑换宝钞，并先后停止宝源局和各省宝泉局铸钱。因推行大明宝钞而罢宝源局铸钱，第二年又罢各行省宝泉局。洪武十年（1377年）恢复铸钱，二十年（1387年）停铸，二十二年（1389年）恢复铸钱，二十三年（1390年）改铜钱每文重一钱二分，二十六年（1393年）又停止各省铸钱，二十七年（1394年）下令禁止用钱。此后直至宣德末年一直禁止用钱。

"洪武通宝"均楷书顺读，分4类，每类有小平、折二、折三、当五、当十5级，共61种（存世48种）。具体的4类如下。

◆ 明“洪武通宝”背“五钱”

◆ 明“洪武通宝”背“桂三”

背“记重”钱

钱背穿右各有一钱、二钱、三钱、五钱和一两等纪重文字。规定百分之百用铜，当时一斤为十六两，生铜一斤铸小平钱一百六十枚，折二钱八十枚，折三钱五十四枚，折五钱三十二枚，当十钱十六枚。当十大钱则除穿右记重一两外，穿上加铸“十”字以纪值。四类洪武通宝钱中，仅背纪重钱为大中通宝钱所无，应是洪武二十一年（1388年）恢复五等钱制，“诏更定钱样”所铸新钱。应当肯定，朱元璋推行洪武通宝纪重钱，从而统一了全国的货币，结束了元末以来的混乱状态，对促进当时社会经济的发展起到积极的作用。

因为朱元璋的名字中有“元”字，要避讳，明代钱文不称元宝，所以自大中钱到永历钱，不论大小，都称通宝。由于铸局不同，所铸五等钱径重大小皆不一，即使同局所铸，亦有差别。各等钱铸额大小与存世量多寡亦相差甚远。如洪武通宝背京小平与折二，背桂三、桂五，背广三、广五纪局名钱与背穿上三纪值钱，皆极罕见。此外，背济小平、折二、当三、当十，背桂二、桂十，背二福、三福，背大字五福，背广、广二、广十，背北平折二、当三、当五、当十，背京当三、当五，背鄂五等钱，背豫折二等纪局名钱和素背当三钱、背穿上五纪值钱等品，亦属罕见珍稀品。

● 背“纪局名”钱

此钱计有背京、北平、桂（广西壮族自治区）、福（福建省）、豫（河南省）、鄂（湖北省）、浙（浙江省）、济（山东省）、广（广东省）九种，各有小平、折二、当三、当五、当十 5 等。其中，背桂小平钱有穿上桂和穿上下“桂一”两种，其实一共 46 种。小平钱至当五 4 等钱的纪局名大多铸于穿上，仅背福、豫者字在穿下，背广者字在穿右。依史书的记载，福建到永乐年间（1403—1424 年）才铸钱，湖广到弘治年间（1488—1505 年）才铸钱，可是洪武钱中，却有“福”字和“鄂”字。关于这点还有待进一步研究。在这些背文中，“京”“济”“鄂”等字都是少见品。

◆ 明“洪武通宝”折三背“京”

◆ 明“洪武通宝”背“济十”

“素背”钱

素背洪武通宝除当十钱外，余四等存世都有发现，尤其以小平光背居多。

背“纪值”钱

洪武钱纪值文字有一、二、三、五、十，都铸于穿上。除广西外（广西所铸的小平钱有两种背文：一种是穿上一个“桂”字；另一种除穿上的桂字外，穿下有一个“一”字，这“一”字也是纪值），存世所见有背上三、五、十等三种。背纪局名当十钱皆加铸“十”字以纪值。背桂、广、福之折二、当三、当五三等钱，亦加铸二、三、五纪值文字。

永乐通宝

“永乐通宝”铸造于成祖永乐六年（1408 年），起初在两京开铸，随后浙江、江西、广东、福建四省相继开始铸造。“永乐通宝”版别较少，铸工精整，均为素背小平钱，钱文秀逸，跟金大书体有相似之处。钱径一般钱径 24 毫米，重 3.4 克 ~3.7 克。另外，有永乐传世当三孤品，穿右直书“三钱”二字，此钱史料无记载，应为试铸品。

宣德通宝

“宣德通宝”铸造于宣宗宣德八年（1433 年），铸造数量很少，钱局仍同永乐朝。版式为小平钱。铸量少于永乐通宝，版别统一，几乎每一枚都是精工制作，未见质量低劣者。如今存世量已不多。“德”字偶

◆ 明“永乐通宝”小平

◆ 明“宣德通宝”小平

◆ 明“弘治通宝”小平

有省去一横的，称作“省一宣德”，比较少见，价格颇高。有单点通、双点通等差异，一般钱径 24 毫米，重 3.4 克。

弘治通宝

“弘治通宝”铸造于孝宗弘治十六年（1503 年），两京及各省钱局开铸“弘治通宝”钱，年铸钱能力可达 25 万贯以上，但实际铸量才“十之一二”，不及永乐、宣德朝。定制每文重一钱二分，到正德（1506—1521 年）二年四月，下令各省全部停铸。前后铸期不足四年。版式为小平钱，光背。一般钱径 24 毫米 ~24.5 毫米，重 3.4~4 克，有大字光背版式，比较少见，传世品有一枚当十大钱，可能是试铸样钱。弘治通宝存世量较其他明代钱币为少，制作不精，文字粗拙。从“治”字的三点水旁的不同写法，可分为“连水治”和“分水治”两大版别，其中“分水治”较少见，价格较普通明朝钱币高。

嘉靖通宝

“嘉靖通宝”铸造于世宗嘉靖六年（1527 年），年铸额约在 10 万贯上下，直隶、河南、福建、广东都有铸造。开始时规定每文钱重一钱二分，嘉靖四十三年（1564 年）改为每文钱重一钱二分八厘，还规定用黄铜加锡铸造，二者比例为 10 ∶ 1。嘉靖通宝有金背、火漆、镟边三种钱，金背采用“四火黄铜”，火漆、镟边用“二火黄铜”，铸工精湛，其目的就是为了抑制私铸。嘉靖通宝一般钱径 24.5 毫米，重 3.8 克 ~4.2 克，素背小平，版别较多。嘉靖二十三年（1544 年），仿洪武钱制，命工部宝源局铸嘉靖通宝折二、折三、折五、当十大纪重钱各 3 万文，均未投入流通，折二钱罕见，这些钱背穿右直书“二钱”“三钱”“五钱”“一两”。“一两”者背穿右穿上兼以“十”纪值。传世还有背穿右直书“一钱”纪重钱孤品、背穿右“一两”穿“十”雕母孤品，还有特大小字素背钱 2 枚，钱径分别为 54 毫米和 72 毫米。

◆ 明“嘉靖通宝”小平

◆ 隆庆通宝

隆庆通宝

“隆庆通宝”，明穆宗朱载垕隆庆四年（1570 年）始铸，每文重一钱三分，也铸金背、火漆钱，年铸额仅约 2 万贯。皆为小平钱，一般钱径 24.5 毫米，重 4.2 克，钱面真书顺读，文字端正，铸工精美，光背无文。隆庆通宝重一钱三分，隆庆时期两京铸钱仅二万贯，传世甚少。

万历通宝

神宗万历四年（1576 年），命两京和各省铸“万历通宝”，也有金背、火漆、镟边，铸量增加。万历元年（1573 年）朝廷铸钱并不多，约两万锭，万历十三年（1585 年）曾高达 15 万锭，万历二十年（1592 年）为 9 万锭。当时全国铸炉 60 余座，潞安府是其中较大的两座，平均一年为朝廷铸币近万锭，两座铸钱局需招铸币匠人三四千名，由此给地方带来丰厚经济利润的同时，也出现了货币私铸取利的现象。万历四十年（1612年），随着对日战争、辽东战争等的先后开始，军费剧增，铸钱数额逐年增加，大肆牟利，使币值大跌。潞安知府在其编纂的《潞安府志》中这样写道："万历初，遵例鼓铸制钱，一时铜价腾跃数倍，而监造官与匠役减去铜料，杂以铅锡，愚民见利争趋，日有私铸，虽论死不止。而制钱堆积不能行。"

万历四年（1576年）规定黄铜和锡的比例为15：1，每文钱重一钱二分五厘。有小平、折二两种，折二钱狭缘双点通，版式较少，基本都素背，个别背穿上有月孕星纹。钱径28毫米，重6.8克。小平钱前期精整，后期粗劣，钱径25毫米，重3.8克~4.2克。带星月或文字等背文者：星纹多于月纹，星有大星、小星、圈星等，位置不定；文字有"户""工""公""正""天""江""河""鹤""厘"等，存世均较少，其中背"河""鹤"与穿左"户"者罕见。版式较多，传世还有钱径达87毫米的素背大钱孤品。

◆ 明"万历通宝"小平钱

◆ 明“泰昌通宝”小平钱

泰昌通宝

明朝熹宗朱由校天启年间（1621—1627 年）铸造。明光宗泰昌年间（1620 年）并未铸钱，因其在位仅一月，未及铸钱，其子明熹宗于天启元年（1621 年）先补铸其父年号“泰昌”钱，称“泰昌通宝”。泰昌为光宗年号。均小平钱，版式不多，多素背，少数背穿上有星或月纹，钱径 25 毫米，重约 4 克。存世还有钱径 29 毫米的似折二型阔缘大样钱，以及钱径仅 23 毫米 ~24 毫米的阔缘小样钱。

天启通宝

明熹宗铸泰昌通宝钱只 1 年，次年便开铸“天启通宝”，同年设立了户部宝泉局，称“钱法堂”，从此由户部主管铸钱。所铸钱币主要用于军需，这时全国形成了三个造币中心，分别为两京及四川地区，天启三年（1623 年），魏忠贤专权乱政，滥铸情况又出现，地方钱局大量出现，因此所铸的天启钱版本极多，差异大。

钱背文大量地出现纪地、纪局、纪重等形式。所以明朝钱币制式的复杂时期是从天启年间（1621—1627 年）开始的。天启年为了弥补财政亏空，继以往的方法，仍采用增加铸钱量来解决。在这种情况下，全国各省钱局铸造滥钱恶钱，赚取利润。

天启通宝小平素背或有背文，背文既有星月纹者，也有铸文字者，版式也很复杂。背星月纹者，月有大、小、俯、仰及半月的不同，星有大、小、方、圆的差异，有的还组合出现。有 50 多个版别。背文字者，或背纪局地名，有“户”（户部）、“工”（工部）、“京”（南

◆ 明“天启通宝”小平钱

◆ 明“天启通宝”背“一钱二分”

京）、“浙”（浙江）、“云”（云南）、“新”（新厂）、“密”（密云）、“府”（宣府）、“镇”（蓟镇）、“院”（都察院）等；单是币背面的文字，就有很多种，有纪局名、地名的户、工、高、浙、福、云、密、镇、府、院、新；纪重的有一钱、一钱一分、一钱二分等。天启钱有折二钱，但铸的不多。当十钱种类却很多，大小、轻重不一。因此有人认为明朝天启年间所铸的“天启通宝”，开启了我国古代钱币背面版式多样化的先河。

天启通宝小平钱径 25 毫米 ~26 毫米，重约 4 克，背文字小平钱中以背穿上“京”、穿右“奉”、穿上“旨”珍罕。

“鬼天启”（一种天启通宝的别称），狭缘素背，钱径多 21 毫米 ~23 毫米。《续文献通考》卷十一《钱币考》中记载：“官铸本多而滥，私铸更为恶劣，成色大减，竟至于铜止二三，铅沙七八，其脆薄掷地可碎也，其轻小则百不盈寸也。”天启通宝原定每文重一钱三分，铜七铅三，因略呈白色而称“白沙钱”（未见实物）；天启三年（1623年）已降至每文重八分四厘，铜铅各半。民间拒用。

天启年间（1621—1627年）还曾铸行单点通折二钱，钱径28毫米，重5.2克~5.6克。多有穿下小星、穿上大星、穿左大星等背文，其中背穿上“二”、穿上“二”穿下小星和穿上“浙”者以及钱径约39毫米的大样折二型钱都为罕见之钱。

天启二年到天启五年铸当十大钱，背有文或无文，均阔缘单点通。背文有穿上“十”穿右“一两”纪值纪重、穿上“镇”穿下“十”以纪局纪值、穿上“府”纪局、穿上“十”、穿上“十”穿下小星以纪值。背穿上“十”穿右“一两”穿左圈星穿下仰月者罕见。钱径45毫米，重约36克，最重者可达50克，最轻者不足20克。还有小型狭缘大字者，钱径不足40毫米，重约12克，稀见。背文穿上“十”穿右“一两”穿左“密”以纪值兼纪重纪局者稀见。

◆ 明“天启通宝”背“密十一两”

◆ 明“崇祯通宝”小平钱

崇祯通宝

“崇祯通宝”铸造于思宗崇祯元年（1628 年），初期崇祯通宝每文用铜二钱，锉磨后重一钱二分五厘；崇祯三年（1630 年），改每文重一钱，改南京每文八分，但在当时内忧外患、经济崩溃的前提下，这个标准是难以达到的。为了摆脱财政的困境，命京、省、州府边镇、军卫、仓院，凡有条件之处，均开炉铸造。所以就造成了币制的混乱，所铸钱币的文字、铸工、大小、轻重、厚薄均不相同，钱背有字，除星月外，或纪局纪地，或重量、天干，或奉旨、奉制等，是中国钱币中最复杂的一种。官私恶钱名目繁多，有金灯、胖头、歪脖、奕边、尖脚、大眼贼等，甚至政府都加以滥铸谋利。

崇祯元年所铸的钱均为小平钱，虽然有折二、折五、当十等，但后期一直以小平钱为主。

崇祯通宝小平钱背有文或无文，背无文钱版别复杂，钱径24毫米～25毫米，重约3克；有一种阔缘大样钱，钱径28毫米，重4克～6克，铜质金黄、字口深峻、铸工精整，疑为元年初铸，存世极少；还有大量官私铸粗劣钱。背有文钱又可分背星月纹和背文字钱两类。

背星月纹钱的星有大星、小星、巨星、圈星、圈内星、方星等，月有俯仰之分，星多于月，位置不定。

背文字钱则多达数十种，大体上分以下4小类。

一为背纪局纪地钱，纪局有“户”“工”“新”“旧”“户旧”（户部旧厂）“兵”（兵部）“局”（官局）“京”“院”9种，纪地有“应”（南京应天府）、“宁”（南京江宁）、“重”（重庆）、“加”、“嘉”（四川嘉州）、“泸”（四川泸州）、“忠”（四川忠州）、“贵”（贵州贵阳）、“广”（广东或湖广）、“榆”（甘肃榆林卫）、“太平”（甘肃太平监或广西太平府）、“府”（河北宣府）、“共”（湖北共城）、“鄂”（湖北鄂州）、“青”（直隶青阳）、“江”（南京操江）16种，还有背“清忠”“季”“河”“道”等也可能属于此类。

◆ 明“崇祯通宝”背“榆”

◆ 明“崇祯通宝”背“户二”

二为背纪重钱，有“（钱）”“重一（钱）”“新钱”“八（分）”“户|（一）”等种类，“新”“重”“户”分别指南京户部新厂、重庆和户部，“|”为民间“码子”数字“1”，有的兼有星月纹，版别复杂。

三为背纪事钱。有“官”“敕”“旨”“制”“奉制”“行”6种，大约主要纪宠臣宦官奉敕旨铸钱事，背穿上“旨”者罕见。背文字钱的版别也十分复杂，星月纹多变且位置不定。钱径23毫米~24毫米，重约3克，也有稍大较重者。崇祯通宝平钱有一种薄小的背穿下铸奔马图案者，俗称“跑马崇祯”，民间认为寓意不祥。

四为背天干纪年钱，穿上“甲”至“庚”7种，指崇祯七至十三年（1634—1640年），背“丁”者罕见。

折二钱背都有文，分背文字和背星纹两类。

背文字钱分以下3类。

一为纪重、纪局监钱，有背“户二”“工二”“局二”“江二”“季二”“监二”6种。“二”有不同写法，背“局”“江”“季”者作“||”，背“监”者作“二”，背“户”“工”者“||”“二”都有，纪局监与纪重文字位于穿上下、左右、右左。

二为背“敕二”纪事纪值钱，位于穿上下。后两小类铸工较粗，钱径 25 毫米 ~26 毫米，重 3.5 克左右，应为崇祯后期铸造的减重钱，也有钱径 28 毫米 ~29 毫米的大样钱。版式比平钱稍简单。背穿右左“季二”、上下“敕二”钱极罕见。

三为背“二”纪值钱，“二”在穿上、下、左、右在穿上、右。钱径 27 毫米 ~28 毫米，穿右“二”者达 29 毫米以上。

背星纹钱星均在穿上，钱径较大，达 29 毫米 ~30 毫米，版式划一，铸造规整。应为崇祯元年（1628 年）铸造。

折五钱版式较划一，铸工精整、铜质金黄，钱径 34 毫米，重 11.5 克 ~12.5 克，仅背文“户五”“工五”“监五”三种纪局纪值钱，背文位于穿右、左。

当十钱钱径约 44 毫米，重约 20 克，仅素背阔缘一种，制作精良，少见。

◆ 明“崇祯通宝”背右“二”

南明时期

崇祯十七年（1644 年），清军入关。明朝一些宗室藩王在南方继续使用大明年号，先后建立过几个政权，被称之为“南明”，其中四个政权铸造过钱币。

弘光通宝

崇祯十七年（1644 年），福王朱由崧在南京称帝，阴历十月，铸造弘光通宝。弘光元年（1645 年）福王政权瓦解，实铸不及 1 年。弘光通宝版别比较复杂，分为小平和折二两种。楷书、隶书两种，版别较少。小平均双点通，有光背（光背者面文均楷书）、背上星、背上凤字三大类，“凤”指安徽省凤阳，因马士英曾任凤阳总督。小平的直径在 24 毫米左右，折二型钱径在 27 毫米 ~28 毫米，从弘光通宝钱文上分析，“弘”字的“弓”旁有大小之分，大弓旁背星者较少。“弘”字还有一种行弓版，即“弓”旁的第二笔长。“通”字有单点通、双点通之分，有一种长通较少见。弘光通宝折二光背十分罕见，据说传世仅 1 枚。折二弘光通宝背右铸一“贰”字也稀少。

◆ 明“弘光通宝”

◆ 明“大明通宝”

大明通宝

顺治二年（1645 年），南明鲁王朱以海被奉为监国于浙江绍兴时所铸。1644 年，清兵入关后，鲁王逃亡台州（今浙江临海）避难，1645 年被明朝旧臣张国维、张名振等拥立于绍兴监国，当年 12 月铸行了大明通宝。

大明通宝材质有红铜、黄铜两种，铸造不精，为楷书小平钱，分背有文与无文两类。背有文字者“大”字不与郭连，“户”“工”均位于穿上，“帅”在穿上或穿右，有不同版别。钱径 25 毫米，重 3.4 克 ~4 克。铸工较粗，尤其背“帅”字者更差；背无文者“大”字上连至郭。

◆ 明“隆武通宝”小平钱

隆武通宝

顺治二年（1645年），南明礼部尚书黄道周等人拥立唐王朱聿键在福州即位，改元隆武，铸行“隆武通宝”，次年唐王政权瓦解。有小平、折二两种，小平素背钱有“正”隆、“生”隆、“击”隆3种版式，“武”字也有不同写法。小平背文钱均双点通，背有穿上星以及穿上“户”“工”“南”字，也有不同版别，钱径24毫米~25毫米，重约3.5克。也有钱径26毫米的素背阔缘大样钱和钱径分别仅23毫米和21毫米的素背、背“南”狭缘小样钱，均少见或罕见。折二钱均单点通、“生”隆、下点“武”、阔缘，钱径约29毫米，重约6克。此外还有“隆武通宝”铁钱，较为罕见。

永历通宝

顺治三年（1646年），桂王朱由榔在肇庆称帝，改元永历，铸“永历通宝”。《三藩纪事本末》中记载：“永明王神宗孙，避于梧州，于丙戌改元‘永历’，其钱有大小四种。”永历五年（1651年），桂王封孙可望为秦王，在云贵铸永历通宝。永历十五年（1661年），郑成功收复台湾，铸造永历通宝。永历通宝版别种类繁多，有小平、折二、背文“五厘”、“壹分”四等。

◆ 明“永历通宝”背“壹分”

◆ 明“永历通宝”背“御”

小平钱有无背文及背有文两类，版式较复杂。有背文者分背文字和背星纹两小类，背文字者分纪敕语和纪局：纪敕语者，在穿上铸“御”“敕”“督”“部”“道”“府”“留”“粤”“辅”“明”“定”“国”十二字，正好组成两句六字敕语。面文几乎均为楷书，仅背“留”钱有隶书者。背“府”“定”者罕见。纪局者背文有“户”“工”，均有穿上者，背“工”还见于穿下、穿右；背星纹仅见穿上下双星，小平钱钱径约 25 毫米，重约 4 克，另有钱径仅 22 毫米的轻小型钱。

折二钱也分无背文、有背文两类。背有文者分背上下“二厂（厘）”和穿上“二”两种。钱径 24 毫米 ~25 毫米，重约 4 克，较素背者为小。

素背者有楷、行、篆 3 种书体，钱径 26.5 毫米 ~28 毫米，重 5 克 ~6 克。

背“壹分”、穿上下“五厘”钱，均为双点通，有大小之别：背“壹分”钱钱径小者 35 毫米，重约 9 克；大者钱径 45 毫米，重约 23 克。背“五厘”钱钱径小者 30 毫米 ~32 毫米，重约 7.2 克；大者钱径 34 毫米 ~36 毫米，重 9 克 ~10 克。背文“二厘”“五厘”“壹分”均为折银值，属于权银钱。

明末起义军钱币

“永昌通宝”为明末农民起义军首领李自成建立大顺政权后于永昌年间(1644—1645年)铸造。有小平、折五两种。“永”字常由“二”“水”组成，正常写法的永昌通宝反而比较少。当五钱通字走部有高低之分，低者少。见于史载的铸造地有西安、北京、山西、武昌等地。

“大顺通宝”为张献忠建立大西政权后于大顺年间(1644—1645年)铸造。版式为小平钱，多阔缘大样，铜色金黄，制作较为精细。有光背和背“工”“户”“川户”等字样。发行时间短，如今存世量不多，光背相对较多，背川户价格最高。还铸造有非流通的“西王赏功”金、银、铜大钱。

◆ 明“永昌通宝”折五

1649年（顺治六年），张献忠义子孙可望入滇为东平王，改元兴朝，铸“兴朝通宝”；平钱背“工”，折五背“五厘”，当十背“壹分”。

◆ 明“大顺通宝”小平背“工”

◆ 明“兴朝通宝”背“五厘”

第七章

第七章

清朝钱币

◆ 清“咸丰元宝”

钱币特征

与明朝类似，清钱币依“顺治五式”，从顺治通宝到宣统通宝共 11 种。同治年间（1862—1874 年）铸有“祺祥通宝”，但是未发行便废止。除后金钱有面文为满文者外，顺治以后面文均楷书或宋体，顺读。清军刚入关时，允许明钱流通，但不久即严禁使用明钱及其他古钱，独行清钱。顺治年间（1644—1661 年）对制钱成分有明确规定，即铜七成，白铅（锌）三成，为合金，称之为“黄铜”，一千铜钱称为一串，年铸一万两千串称为一卯，即每开一期的额定数称为“正卯”，正卯以后凡有加铸数称为“加卯”。顺治钱制形式未能统一，按照背文可分为五种，也就是在钱币界享有盛誉的“顺治五式”。

钱币种类

后金钱

清入关前已在满洲（旧指我国东北一带）铸钱，有满文和汉文两种。后金钱比崇祯钱厚重，这也代表了后金强大的经济实力。

天命汗钱、天命通宝

《清史稿·食货志·钱法》中记载:“太祖初铸天命通宝钱，别以满、汉文为二品，满文一品钱质较汉文一品为大。天聪因之。”明万历四十四年(1616年)，女真族首领爱新觉罗·努尔哈赤即汗位，国号金，史称后金，建元天命。满文“天命汗钱”、汉文“天命通宝”。满文“天命汗钱”就是铸造于天命年间，“天命汗钱”，面文依老满文书写，顺序为左右上下，直译“天命通宝”。钱径22~28毫米，重2.8~5克，素背，楷书顺读，铸工较差，有红铜、青铜、黄铜之分，版别非常复杂。有一种称“长脚天命”者较少。

◆ 清“天命通宝”汉文

◆ 清“天命通宝”满文

天聪汗之钱

清太宗皇太极于 1627 年在满洲继承太祖努尔哈赤之位，改元天聪，铸当十满文“天聪汗之钱”，面文用老满文，读序为左右上下，背穿左为满文“十”，穿右为满文“一两”。是仿明天启之纪值纪重制。面文按左上下右顺序读，直译为“天聪汗之钱”，俗称“天聪汗钱”。直径约 44 毫米，重约 26 克。“当十”者为仿明天启当十钱制。写法富于变化，以小字者较稀少。制作精美，边郭坚挺，品相优美，存世量极少。

清朝钱

顺治通宝

1644 年，清军攻入关内，清爱新觉罗·福临至北京，即皇帝位，改元顺治，称为清世祖。顺治入关后，仿明法，在工部设宝源局，户部设宝泉局，铸“顺治通宝”，以后各省也铸，私铸更多。顺治年间（1644—1661 年）规定“顺治五式”，始定钱法，规定铜钱成色为七成红铜，三成白铅（锌），实即黄铜，一千文为一串。钱的重量，在顺治元年（1644 年）定为制钱每文重一钱，每七文准银一

◆ 清“顺治通宝”

◆ 清“顺治通宝”背上“宣”

分。二年（1645 年）改为制钱，每文重一钱二分，每七文准银一分，旧钱每十四文准银一分，四年改为每十文准银一分；八年（1651 年）改为制钱每文重一钱二分五厘，每十文准银一分；十七年（1660 年）改为制钱每文重一钱四分。由于不断改变，大小差异较大，钱径一般 24 毫米 ~26 毫米，重 3.5 克 ~4.5 克。

顺治五式：

一是仿明朝钱式，面文“顺治通宝”，皆为光背无文。采用这种形式，主要是适应关内群众的需要，也便于新旧钱之间的兑换。

二是仿会昌开元钱制，钱背文纪地纪局。如“户”“工”为宝泉、宝源两局所铸。其他有“临、宣、延、原、西、同、荆、河、昌、宁、浙、东、福、阳、襄、江、蓟、广、陕、云”等。钱重一钱二分。顺治八年（1651 年）钱重改为一钱二分五厘。清朝初期制钱重量不断变化，顺治通宝钱汉字钱的大小轻重差异较大。有的钱局开铸时间短，开铸不久即停铸，所以有的纪局纪地钱数量很少，其中“延”“宣”“蓟”存世甚少，极为罕见。

三是一厘式钱，即在背面除有局名外，穿左边铸有“一厘”二字，比前一种少了“延、西、荆、襄、云”五局，“一厘”是指权银，一文铜钱折银一厘，一千文铜钱值银一两，此钱从顺治十年（1653年）铸行，到十七年（1660年）停铸。各局所铸不尽相同，大小轻重有变化。

四是满文钱，面文为“顺治通宝”汉文，背文则用新满文，穿左右满文为“宝泉”或“宝源”，规定每钱重一钱二分，顺治十四年（1657年）因停外省铸钱，因此仅在北京铸行。

五是满汉文钱，面文“顺治通宝”汉文，背文纪局名改为穿左为满文钱局名，穿右为汉文钱局名，顺治十七年（1660年），户部商议决定重开各省钱局，除宝泉、宝源两局所铸制钱仍为满文钱局外，其他各省钱局所铸钱背文都为满汉文钱，共有十二局：即“临、宁、

◆ 清“顺治通宝”满汉“东”

◆ 清“顺治通宝”“同一厘”

原、宣、同、江、东、河、蓟、昌、浙、陕”。此种钱式制作较好。铸量最多，存世也较多。

康熙通宝

（1662 年）康熙元年清政府下令停铸“顺治通宝”钱，改铸“康熙通宝”，并规定以后凡是嗣位改元，所铸钱制皆如此例。纵观康熙一朝，在全国共开设铸钱局二十四处。

由于受当时冶铸工本和钱币私铸等问题的影响，每一文康熙钱曾分别重一钱四分、一钱、七分，这样一来便产生了大、中、小三种不同重量的“康熙通宝”钱。康熙钱的背文除工部、户部所设的宝源、宝泉两局所铸均为满文外，其他外地各钱局鼓铸的通宝钱，其背文左为满文纪地，右为相应的汉字纪地。

后人为收藏和研究方便，将满汉文纪地的局名编在一起，形成了一首押韵、顺口的康熙钱“背文诗”。诗云：同福临东江，宣原苏蓟昌。南河宁广浙，台桂陕云漳。这首诗将“康熙通宝”钱背满汉文的二十局都囊括其中。所以有人将康熙的这套钱称为“诗文二十品”。后来还出现了“巩”字（甘肃巩昌局），又有人说还有“密”“川”“贵”“西”等钱局的康熙钱。但至今仅见有“巩”“西”两字，其他尚未见到实物，目前对此还有一定的争议。

宝泉局还铸造过俗称为“罗汉钱”的康熙通宝，钱径约 21 毫米，重约 4 克。特征如下：作“煕”不作“熙”；作“通”不作“通”，为“单点通”；铜色金黄发亮；钱背为“宝泉”二满字。相传是年羹尧熔黄金罗汉所铸，色泽呈金黄色，康熙的熙字较通俗写法少一竖。

另有背大清及龙凤纹饰的宫钱，为收藏家所钟爱。另有福建宝福局于康熙六十大寿时起铸有背穿干支的贺寿钱，每年一品，直至 1722 年一共十年，共得十品，存世罕见。另有雕母，样钱流世。

◆ 清“康熙通宝”背“台”

◆ 清“康熙通宝”背“广”

◆ 清“康熙通宝”背“南”

雍正通宝

“雍正通宝”于世宗雍正年间（1723—1735年）铸。增设了一些钱局，规定各省只能有一个钱局，停临清、宣府、大同、江宁、漳州等钱局。重新制定钱背文式样，依宝泉局、宝源局满文样式，穿左为满文“宝”，穿右为满文局名简称，有“安”（安徽宝安局）、“黔”（贵州宝黔局）、“巩”（甘肃宝巩局）、“浙”（浙江宝浙局）、“济”（山

◆ 清“雍正通宝”

◆ 雍正通宝

东宝济局）、“河”（河南宝河局）、“苏”（江苏宝苏局）、“昌”（江西宝昌局）、“武”（湖北宝武局）、“晋”（山西宝晋局）、“台”（台湾宝台局）、“云”（云南宝云局）、“南”（湖南宝南局）、“川”（四川宝川局），共 14 种。其中，“河”“南”“晋”“昌”“安”少见，“福”“台”未见。这种背文样式一直延续到清末。由于雍正在位仅仅 13 年，再加上铜源短缺和裁撤较多钱局，故雍正通宝传留钱币较少。

雍正通宝的重量变更过几次。雍正元年（1723 年），依照康熙四十一年（1702 年）的旧制，每文重一钱四分；雍正十一年（1733 年）改为每文重一钱二分，此后一百多年中，这种规定没有变化过。雍正通宝大者钱径约 28 毫米 ~29 毫米，重约 4.4 克 ~4.5 克；小者钱径 23 毫米 ~25 毫米，重约 3 克。背满文“宝黔”折二钱钱径 33 毫米，大而稀少。

乾隆通宝

“乾隆通宝”铸造于高宗乾隆年间（1736—1795 年），此外，乾隆通宝在嘉庆元年（1796 年）也有铸造。“乾隆通宝”要求仍重一钱二分，该钱书法铸工都比雍正时更为精美。最初清政府仍继续执行通货紧缩的政策。钱局较雍正时有所增减，首先在乾隆四年（1739 年），停用宝河、宝巩两局，于乾隆五年（1740 年）

◆ 清“乾隆通宝”

◆ 清“乾隆通宝”宝泉雕母

◆ 清“乾隆通宝”阿克苏小平钱

开宝福局，七年（1742 年）开宝桂局，十年（1745 年）开宝直局，此后，宝广、宝陕局相继增开。背穿左为满文“宝”，穿右为满文局名简称，有“户”“工”“苏”“南”“浙”“武”“济”“晋”“川”“黔”“云”“昌”“福”“桂”“直”“广”“陕”等。乾隆朝以前的制钱不加锡，以铜、铅、锌配制，称之为“黄钱”，在乾隆五年（1740 年）规定在铸钱铜料之中加百分之二的锡，称为“青钱”。

后来，清政府对新疆、西藏的控制力加强，相应地对当地的钱制也作了规定。铸造了专行于新疆地区的地方钱币，用纯铜铸造，称“普尔钱”（即“红钱”），原无外郭，小而厚，乾隆二十四年（1759 年）在叶尔羌始铸“乾隆通宝”红钱。有一种厚重且铜质精良的乾隆通宝红钱，俗称为“厚板”，据考证铸造于乾隆三十五年（1771 年）以前，一枚可兑换老红钱两枚。嘉庆一朝也继续铸乾隆通宝：规定“嘉庆通宝”八成，乾隆通宝二成，以后道光（1821—1850 年）、咸丰（1851—1861 年）、光绪年间（1875—1908 年）仍有铸造，称之为后铸乾隆通宝红钱。乾隆通宝红钱轻薄，背有满文、维吾尔文“阿克苏”“库车”及满文“宝伊”“宝库”等，还有背穿上下有“九”（光绪九年）“喀十”“当十”“库十”“阿十”等字和星、月、角纹等者。乾隆四十年（1775 年）时，私铸情况日盛，各省官员出现盗铸，政府对此无计可施，加上云南铜产量逐年递减，导致铜价飞涨，铸钱成本也随之水涨船高。清政府继而又采取了通货紧缩政策，先后停铸了宝直、大理、广西、临安等局，同时鼓励商人从海外进口铜材。乾隆五十年（1785 年）后，又相继开了宝直等局，同时放宽了铸钱的标准，所以导致乾隆后期制钱的质量参差不齐、大不如初的情况。乾隆五十八年（1793 年）在西藏铸面文为汉文的铜元式“乾隆宝藏”银币，中有方孔图案但不穿孔，背铸唐古忒藏文，中部为“乾隆宝藏”，边缘为“五十八年”字样。大者重一钱五分，钱径 30.5 毫米；中者重一钱，钱径 26 毫米；小者重五分，钱径 22 毫米 ~24 毫米。

嘉庆通宝

“嘉庆通宝“铸造于仁宗嘉庆年间（1796—1820 年）。开始时命各省局及新疆铸乾隆通宝、嘉庆通宝各半。嘉庆通宝基本承乾隆通宝钱制，停宝济局，增阿克苏、宝伊、云南宝东局，共有19种。还有将面文“嘉庆”改为“太平”，读为“太平通宝”，其余背文格式也均与此相同，当属吉庆、纪念钱类，也参与流通；还有背穿左草书、穿右楷书“福”“寿”“康”“宁”等字的钱。嘉庆通宝一般钱径24~26毫米，重约4克。因偷工减料，多轻薄小钱，这种钱钱质低劣，文字模糊，在民间称之为“局私钱”。背多星月纹。嘉庆四年（1799年）按照铜52%、铅6.5%、锌41.5%的比例搭配铸钱，五年（1800年）改为铜54%、锌42.75%、铅3.25%。

嘉庆年间，新疆继续铸行嘉庆通宝红钱，阿克苏钱局铸者重3克~5.5克，穿右为维吾尔文“阿克苏”，背穿左为满文。嘉庆红钱铸工稍好，铜质纯净，版式划一。嘉庆时期仍在西藏鼓铸银币“嘉庆宝藏”，样式与乾隆宝藏近同，有一钱、五分两种。宝伊局钱背满文“宝伊”，重3克~5克。

◆ 清“嘉庆通宝”大样

◆ 清“嘉庆通宝”宝苏常平式

◆ 清“道光通宝”宝苏大样

◆ 清“道光通宝”阿克苏部颁样钱

道光通宝

“道光通宝”铸造于宣宗道光年间（1821—1850 年）。西方列强鸦片的输入而使得白银大量外流，道光二十年（1840 年）鸦片战争爆发，钱局亏损严重，银价陡增，只好纷纷停铸，至二十一年（1841 年）仅宝泉、宝源、宝云、宝广、宝川局勉强维持铸钱。道光通宝正规的钱币钱径仅约 22 毫米，重 3 克多，钱背的钱局名与嘉庆通宝完全一致。道光通宝偷工减料现象严重，钱形薄小、掺铅过多、铸工粗劣。

阿克苏和宝伊局在道光年间（1821—1850 年）继续铸红钱，面文均“道光通宝”，比嘉庆通宝红钱复杂。宝伊局，背穿左右为满文“宝伊”。阿克苏局，或背穿左右为满、维文局名，穿上“八年”以纪年，穿下“五”“十”或“三十”纪值；或背穿左右为满、维文“阿克苏，其中纪值背“三十”者重达 23.4 克。另外，光绪年间（1875—1908 年）库车局也曾铸道光通宝红钱，背穿左右分别为满文和维吾尔文局名“库车”，穿上下为“库十”两字纪局纪值。光绪二十年（1894 年）又铸道光通宝红钱，背穿左右为满文“宝库”，穿上下为“新十”两字。

道光时期有在西藏铸的银币“道光宝藏”，样式与乾隆宝藏近似，仅一钱一种，罕见。

咸丰通宝、咸丰重宝、咸丰元宝

文宗咸丰年间（1851—1861 年）铸。由于西方列强的掠夺和太平天国的兴起，至使钱局偷工减料，制钱多轻薄粗劣，铜钱有紫、红、黄铜之分，也有铅钱、铁钱以代替铜钱。特殊者，宝泉局有一种铁钱，书体很似清代书画家戴熙手笔，俗称“戴书咸丰”，有小平、当五、当十 3 种，还有铜质铁母。

背满文局名 24 种，比道光通宝增加了宝德、宝河、宝济、宝巩、宝台 5 种，其中宝德、宝济、宝台、宝广、阿克苏几局的铸量极少。咸丰二年（1852 年），重定铸钱每文重一钱，但实际上难以达到。

咸丰元年（1851 年），首先准备开铸“咸丰通宝”制钱。由于西方列强的掠夺和太平天国革命运动的发生，钱局铸造制钱已很难正常进行，很多省钱局实际上处于停顿状态，即使开铸，也是偷工减料，因而造成咸丰通宝制钱精好者少，而粗制滥造的多，大都质劣而轻小，或造成铁钱、铅钱代替铜钱。咸丰元年时，规定钱重一钱二分，至第二年，变为一钱，但具体铸行大多轻于规定重量。“咸丰通宝”面文有楷书等，背文满文局名有宝源、宝泉、宝河、宝德、宝东、宝济、宝晋、宝陕、宝巩、宝苏、宝伊、宝浙、宝昌、宝福、宝台、宝武、宝南、宝广、宝桂、宝川、宝云、阿克苏、宝黔等二十四个局。其中宝台、

◆ 清“咸丰通宝”小平钱

◆ 清“咸丰元宝”宝泉当百

◆ 清“咸丰元宝”宝河当百

宝德、宝广、阿克苏等局数量极少。

“咸丰重宝”当十钱虽然是咸丰大钱中计值较低的品种，但是由于铸造时间早，流通区域广，所以也是自古以来古泉爱好者最关心并致力于收藏和欣赏的计值钱币。在诸多咸丰大钱之中，应当推举咸丰重宝当十钱币为最。铸期最长、数量最大、版式最多、流通最广，无一不在咸丰大钱中占据首位。自咸丰三年（1853年）起，宝泉、源、直、蓟、济、德、陕、巩、福、苏、浙、河、武、宝昌、云、川、桂、黔、（宝安）迪、伊、阿克苏、喀什、叶儿羌、库车等钱局均先后铸造咸丰当十大钱，并投入市场与小平钱同时流通。除了宝安钱局仅见部颁样钱外，其他各个钱局均有大量不同版别、不同形式，甚至不同材质、不同大小的当十纪值重宝。

咸丰三年（1853年）三月五月，户部首先开铸当十大钱，文曰咸丰元宝，重六钱，与制钱相辅而行。七月乃增铸当五十钱一种，重一两八钱。同年十一月谕令各省推行铸造大钱，并添铸当百、当五百、当千钱三种；当千者重二两，当五百者重一两六钱，铜色紫，当百者重一两四钱，铜色黄，皆磨滤精工，光泽如镜，文曰咸丰元宝；而减当五十者为一两二钱，当十者为四钱四分，又减为三钱五分，再改为二钱六分。四年（1854年）正月，宝源局又铸当五钱一种，重二钱二分。接着又铸当二百、三百、四百大钱。在一年左右的时间里，清朝政府开铸的大钱有当四、五、八、十、二十、三十、四十、五十、一百、二百、三百、四百、五百以及当千等计约十六个等级的咸丰各类大钱。

咸丰三年（1853年）以前，在新疆阿克苏、库车、叶尔羌、宝伊等局铸造咸丰红钱，面文均“咸丰通宝”，一般重3~5克。背名“阿克苏”“叶尔羌”或“库车”以满文、维吾尔文为局名，穿上下为“当五”或“当十”，宝伊局钱背穿左右为满文“宝伊”，这时的折当表示与内地制钱的比价。咸丰三年年底，始铸造咸丰大钱，新增喀什噶、

◆ 清“咸丰重宝”宝陕当五十

◆ 清“咸丰元宝”宝源当百

◆ 清“咸丰元宝”宝泉星月当百

宝迪等局，“咸丰重宝”为当五十及其以下者，“咸丰元宝”为当百及其以上者，宝伊局除铸当十、当五十、当百者外，还有当五百、当千大钱，背穿左右为满文“宝伊”，穿上下为当值；叶尔羌、阿克苏、库车、喀什噶局背穿左右为满文、维吾尔文局名，穿上为“当”，穿下为“五十”或“百”；宝迪局因钱八百文折银一两，钱银比价较特殊，故大钱有折八、当十的“咸丰重宝”和当八十的“咸丰元宝”3种，背文格式与宝伊局风格相同。

祺祥通宝、祺祥重宝

“祺祥通宝”“祺祥重宝”铸造于清咸丰十一年（1861 年）七月二十六日，但未发行，十月五日即被勒令废除，“祺祥”年号仅存 69 天。传世仅有宝泉、宝源、宝云、宝巩、宝苏 5 局铸祺祥通宝、祺祥重宝，存量极少。后铸币回炉铸为“同治”钱（1861 年）。当时所铸多为样币，流通币几乎全部收回损毁殆尽。

◆ 清“祺祥通宝”宝源小平

◆ 清“祺祥重宝”宝源当十

同治通宝、同治重宝

“同治通宝”“同治重宝”铸造于同治年间（1862—1874年）。铸造钱局为宝泉、宝源、宝云、宝巩、宝苏、宝浙、宝昌、宝川、宝桂、宝直、宝东等，其余发现很少局造或者仅有部颁样钱。“同治通宝”“同治重宝”大小轻重不一，面文楷书、宋书都有，铜质粗劣，同治年间（1862—1874年）还曾铸造过大钱，“同治重宝”当十的有宝泉、宝源、宝巩、宝云局和新疆的叶尔羌、阿克苏、库车、宝伊等局，折五大钱为宝巩和新疆所铸，折四钱为新疆宝伊局所铸。新疆地区所铸的红钱钱式与之前的基本相同，只有库车局背文富于变化：有穿左右分别为满文、维吾尔文局名“库车”者，有穿左右为满文“宝库”者，穿上下或为“库十”或为“新十”，有的背有月纹。存世还有宝泉局颁发的同治重宝部颁样钱，一种制作精美，一种铸工粗糙。同治三年（1864年），库车拉西丁自立为汗，铸两面察合台文红钱，面文意为“拉西丁汗”，背文意为“库车铸造”，属少见品。

◆ 清“同治通宝”背“漳”

◆ 清“同治重宝”宝源当十母钱

◆ 光绪通宝宝武当十部颁样钱

光绪通宝、光绪重宝

“光绪通宝”“光绪重宝”铸造于德宗光绪年间（1875—1908年）。宝泉、宝源、宝云、宝苏、宝浙、宝昌、宝川、宝桂、宝直、宝东、宝蓟、宝黔、宝福、宝河、宝陕、宝南、宝晋、宝武、宝津、宝沽、宝吉等钱局皆有铸钱。光绪钱大多小而粗劣。多以楷书为主，宋书稍少，版别十分复杂。此外，宝云、宝东局制钱有背穿上“金”或穿下“村”者，宝河、宝直、宝云、宝黔局制钱有背文星、月、杠、圈者，宝泉、宝源局制钱有“宇”“宙”“日”“月”“往”“来”等背文者，均属特殊样式。光绪年间，宝泉、宝源局还铸造当十“光绪重宝”，背穿右左为满文“宝泉”“宝源”，穿上“当”穿下“十”或“拾”。宝苏局还铸过“光绪重宝”当五钱，此钱制作粗劣。

在新疆地区，喀什嘎尔、库车、阿克苏、宝新局铸有当十“光绪重宝”红钱，阿克苏、喀什嘎尔、库车局背文一般为穿左右或右左满文、维吾尔文局名，穿上下“阿十”“喀十”“库十”纪局纪值；库车局有背左右或右左满文“宝库”者，穿上下有“九”“十”者。

◆ 清“光绪通宝”小平钱

宝新局背左右为满文“宝新”，穿上下“新十”；还有面文“光绪戊申”“光绪丁未”，背穿左右满文“宝库”的干支纪年钱，分别铸造于光绪三十三（1907年）、三十四年（1908年）。光绪红钱还有背满文“宝泉”者。

光绪八年（1882年），吉林曾用机器试铸银币，光绪十四年（1888年）在广东铸机制钱，光绪十五年（1889年）张之洞在广东宝广局铸造机制钱成功，后在宝泉、宝源及各省宝福、宝漳、宝武、宝浙、宝直、宝吉、宝苏、宝奉、宝宁等局推行，但铸造不多。奉天机器局还铸过紫铜当十机制钱，江南试造过当十机制钱，广东还铸造过光绪重宝折五、当十机制钱。光绪三十一年（1905年）停铸当十大钱，从而结束了清代铸造大钱的历史。

晚清时期，光绪通宝的制钱重量逐步减轻，二十一年（1895年）为每文重十分，二十四年（1898年）为每文八分，三十一年（1905年）为每文六分，以铜55%、铅45%的比例配铸，许多钱远远达不到规定的重量，民间称之为“光片钱”“局私钱”“沙壳子”。

宣统通宝

“宣统通宝”铸造于宣统年间（1909—1911 年），只有宝泉局铸造制钱，钱径 24 毫米，重约 4.5 克，钱质轻小，大者罕见，小钱钱径仅 19 毫米，重约 2 克。此外，宝广、宝福局有机制宣统通宝钱，宝云局铸有背穿上“山”“碘”等字。

新疆库车地区还铸有“宣统通宝”小平红钱，背穿左右为满文、维吾尔文“乌什”、穿上下为“库十”，数量极少。宝藏银币停铸一段时期后，于宣统年间又铸“宣统宝藏”，有库平二钱、库平一钱两种。同时还铸“宣统宝藏”铜币，有一分、半分两种。

◆ 清“宣统通宝”小平钱

◆ 吴三桂“利用通宝”背“厘”

三藩钱币

三藩钱币多指吴三桂为平西王时在云南，以及三藩叛乱后吴三桂、吴世璠、耿精忠所铸造的钱币。

利用通宝

“利用通宝”为吴三桂受封平西王时于云南所铸，康熙十二年（1673年）削藩，他在云南反叛，建号大周，改元昭武，并铸利用通宝钱，分四等，一分四等，均顺读。小平钱素背或背“云”“贵”“厘”，背“厘”者为权银钱，钱径24毫米~25毫米，重3克~3.2克。三种大钱背文均为权银数，背“二厘”者钱径约27毫米，重约4克；背“五厘”者钱径30毫米~32毫米，重4克多；背“一分”者钱径约40毫米，重16克余，也有背作“壹分”者。

◆ 吴三桂“昭武通宝”背“壹分”

昭武通宝

清康熙十七年（1678年）三月初，吴三桂在衡阳称帝，国号大周，改元昭武，为维持人心，铸“昭武通宝”。有小平和背“一分”两等。小平钱楷书或篆书，素背，楷书有背穿下“工”者，钱径约24.5毫米，重约3克；折十钱径35毫米，重10.5克。背篆书壹分，折银一分行用。此钱书体优美，制作精良。.

洪化通宝

“洪化通宝”铸造于康熙十八年（1679年），是吴世璠（吴三桂之孙）改元洪化所铸，有小平钱，素背或背“户”“工”几种，钱径21毫米~24.5毫米，重3.5克~3.8克。

裕民通宝

“裕民通宝”为清初三藩中的福建耿精忠所铸。钱币版式有小平、折二、折五、几种，小平钱素背，钱径约24.5毫米，重3.8克。折二背“一分”者钱径约26毫米，重5.1克；折五背“一钱”或“浙一钱”者钱径约36毫米，重约19克。两等大钱均为权银钱。

◆ 吴世璠“洪化通宝”

◆ 耿精忠“裕民通宝”，背“浙一钱”

清末起义军钱币

这类钱币主要包括太平天国钱币、上海小刀会钱币、广西大成国遵义号军钱币等。

太平天国圣宝等

太平天国圣宝是1853年太平军定都天京后铸。钱文宋体、楷书、或隐起文，钱有小平、折五、当十、当五十，宋体者还有似当百大花钱，楷书者有铁、铅钱。面文“天国”“太平圣宝”“太平天国”或“天国圣宝”，背文“圣宝”“通宝”“天国”或“太平”，或钱背光面、或有人像。小者如制钱，大者钱径335毫米，厚80毫米，重4500克，同一当值也大小不一。“国”从“王”不从“玉”，以示王者之国。

传世有金、银质钱，均为伪造。还有伪造的铜钱，面“太平天国”，背“东王府”“祁天军”“当十”“当五十”“当百”；背穿左右“圣宝”穿上“京”等。

◆ 太平天国“天国圣宝”壬圣大样

◆ 太平天国“太平圣宝”背“天国”

太平通宝

清末太平通宝，其一为金田起义信钱。1850 年，洪秀全、杨秀清以此钱作为信物。文“太平通宝”，钱背右有“会”“风云”，左有龙虎图形，义为“龙虎风云会”。此钱极珍罕。其二为上海小刀会在咸丰四年（1854 年）铸的小平钱，面文楷书、隶书两种，有素背、及背有穿上日穿下俯月和穿上仰月穿下“明”等，日、月合而为“明”，寓反清复明之意。

平靖通宝、平靖胜宝

咸丰五年（太平天国乙卯五年，1855 年），广东天地会何禄、陈开、李文茂等建立大成国，以浔州为首都，建元洪德。洪德二年（咸丰六年，1856 年）封李文茂为平靖侯，以纪念 1854 年大败曾国藩于靖港的岳州之战。李文茂铸有“平靖通宝”和“平靖胜宝”两种。平靖通宝面文楷书顺读，为小平铜钱，背穿右有篆书“中”。平靖胜宝面文楷书，为折二铜钱，背文字多种，有“前营”“后营”“左营”“右营”“中营”“御林军”“长胜军”等。传世有陈开铸的“洪德通宝”，真伪存疑，或许为越南钱。

◆ “平靖胜宝”背“右营”

嗣统通宝

“嗣统通宝”为太平天国庚申十年（咸丰十年，1860 年）以后，遵义号军铸造，小平铜钱素背，面文分楷书和隐起文两种。

◆ “嗣统通宝”

后记

postscript

古钱币是中国文化遗产中的瑰宝。它之所以珍贵，不仅因为历经岁月沧桑，存世数量稀少，也不仅因为设计精巧、铸造技术高超，更因为作为一种文化载体，它记录着各个朝代、各个时期的政治、经济、金融、商业、文化、科技的发展和变迁。

为了编撰本书，收集资料，我们翻阅了大量的书籍，同时还特意拜访了位于北京报国寺的“圣宝斋”和“弈泉塘”古钱币专营机构。当我们见到“圣宝斋”的店主李佶桉先生的时候，让我们震惊的不但是他的年龄还有他的学识，这位年少有成的店主对我们说：“我国古钱币历史悠久，品种纷繁，是中华民族传统文化中的瑰宝。不仅凝聚着中华民族的智慧与才能，还影响我国周边国家和地区的钱币铸造特征。”接着他拿起一些古钱币，又说：“因为古钱币种类繁多，材质也是各不相同，你们看这些古钱币是以铜、铁等低值金属为主要原材料铸造的，除此之外，可以制造古钱币的材料不但有金、银、锡、铅等其他金属，还有玉、石、木、蚌、骨、玳瑁以及陶土等各种不同的非金属材料……”

“弈泉塘”的店主刘隽翀先生的到来，让我们见到了又一个有见地、具有很高人文素养的商人。了解我们的来意之后，刘先生便拿出了一本本精美的册子（后来我们才知道那是整理古钱币专用的册子），打开一看，让我们大为惊讶，一枚枚古钱币被放在一个个塑料皮做的小袋子里，整整齐齐地码在一起，翻阅起来非常容易还不会损伤钱币。这时，刘先生说：“整理这些钱币花费了我很大的精力，不仅要考证钱币的朝代、铸造背景和时间，还要看钱币的品相，以及真假，将那些品相不好、存有疑点的古钱币剔除出去，不仅要对我国的历史了如指掌，还要翻阅大量的资料加以考证，所以，这些古钱币都是精品中的精品。”在我们的赞叹与惊讶中，李先生和刘先生以身边的古钱币为例向我们讲解了很多相关知识，让我们获益颇深，对这些小小的古钱币刮目相看。最后，两位先生边说边把店里的古钱币分门别类地摆放好，又拿起了相机帮我们拍起图片。

正是由于他们的鼎力相助，才使本书得以付梓。当然，还要感谢给予本书帮助及提供相关资料的朋友及工作人员。希望广大读者阅读完本书后，能够从中找到自己喜欢的古钱币，了解古钱币收藏的相关知识，做到有的放矢，避免一些不必要的损失。同时，也期待广大读者朋友的交流与切磋。

《钱　币》

（修订典藏版）

编委会

● **总 策 划**

王丙杰　贾振明

● **编 委 会**（排序不分先后）

玮　珏　苏　易　丁　莉

吕记霞　玲　珑　青　铜

田文山　王虹霞　王海威

● **版式设计**

文贤阁

● **图片提供**

李佶桉　刘隽翀

北京报国寺圣宝斋

北京报国寺弈泉塘